从门捷列夫谈化学起源

刘枫　主编

黄河出版传媒集团
阳光出版社

图书在版编目（CIP）数据

从门捷列夫谈化学起源 / 刘枫主编 .—— 银川：阳光
出版社，2016.7（2022.05重印）
（站在巨人肩上）
ISBN 978-7-5525-2794-0

Ⅰ.① 从 … Ⅱ.① 刘 … Ⅲ.① 门 捷 列 夫，
D.I.（1834—1907）– 生平事迹 – 青少年读物②化学 –
青少年读物 Ⅳ.① K835.126.13–49 ② 06–49

中国版本图书馆 CIP 数据核字 (2016) 第 181561 号

站在巨人肩上　从门捷列夫谈化学起源　　　刘枫　主编

责任编辑　陈建琼
封面设计　瑞知堂文化
责任印制　岳建宁

黄河出版传媒集团
阳 光 出 版 社　出版发行

地　　址　宁夏银川市北京东路139号出版大厦（750001）
网　　址　http://www.ygchbs.com
网上书店　http://shop129132959.taobao.com
电子信箱　yangguangchubanshe@163.com
邮购电话　0951–5047283
经　　销　全国新华书店
印刷装订　天津兴湘印务有限公司
印刷委托书号　（宁）0020168

开　　本　710 mm×1000 mm　1/16
印　　张　8.25
字　　数　132千字
版　　次　2016年7月第1版
印　　次　2022年5月第2次印刷
书　　号　ISBN 978-7-5525-2794-0
定　　价　35.80元

前　言

　　哲人培根说过:"读史使人睿智。"是的,历史蕴含着经验与真知。

　　科学的发展是一个漫长的过程,一代又一代的科学家曾为之不懈努力,这里面不仅有着艰辛的探索、曲折的经历和动人的故事,还有成功与失败、欢乐与悲伤,甚至还饱含着血和泪。其中蕴含的人文精神,堪称人类科技文明发展过程中最宝贵的财富。

　　本系列丛书共30本,每本以学科发展状况为主脉,穿插为此学科发展做出重大贡献的一些杰出科学家的动人事迹,旨在从文化角度阐述科学,突出其中的科学内核和人文理念,提升读者的科学素养。

　　为了使本系列丛书有一定的收藏性和视觉效果,书中还汇集了大量的珍贵图片,使昔日世界的重要场景尽呈读者眼前,向广大读者敬献一套图文并茂的科普读本。

　　由于编者水平有限,加之时间仓促,疏误之处在所难免,敬请广大读者批评指正。

编者

目　录

门 捷 列 夫 的 自 我 介 绍

名句箴言

天才就是这样，终身努力便成天才。

——门捷列夫

自我介绍

我是门捷列夫，俄国化学家，对化学的最重要贡献是建立了元素周期分类法。1834 年 2 月 8 日我出生在西伯利亚多波尔斯克一位中学校长家里。在校时擅长数学、物理和地理学。1948 年入彼得堡专科学校。1855 年取得教师资格，并获金质奖章。1856 年获化学高等学位，1857 年首次取得大学职

3

门捷列夫

位,1859 年被派往德国海德堡大学进修。在此期间,我与法国化学家和意大利的化学家进行了交往,这些化学家在区别原子量和分子量方面的坚决主张,对我的影响很大。1864 年,我任技术专科学校化学教授,3 年后任彼得堡大学化学教授,1868～1870 年写出《化学原理》。在著书过程中,我还深入探索了元素性质间的关系,对所有已知元素按原子量递增的顺序排列成表,显示出元素性质具有周期性的变化规律。我当时就曾预言过周期表上的空缺,将由未知元素来填补。在以后 20 年中发现的 3 个新元素,确实具有他所预言的性质。周期表逐渐成为大部分化学理论的骨架。20 年后,在元素的放射蜕变中,证明用周期表阐明元素之间的嬗变过程非常有用。

学过化学的人都知道，在我们的化学教科书中，都附有一张"元素周期表"。这张表揭示了物质世界之间的神秘联系，把一些看来似乎互不相关的元素统一起来，组成了一个完整的自然体系。它的发明，是近代化学史上的一个创举，对于促进化学的发展，起了巨大的作用。看到这张表，我们自然便会想到它的最早发明者——门捷列夫。

门捷列夫和他的元素周期表

站在巨人肩上——从门捷列夫谈化学起源

德米特里·伊万诺维奇·门捷列夫生于俄国西伯利亚的托波尔斯克市。这个时代,正是欧洲资本主义迅速发展时期。生产力的飞速发展,不断地对科学技术提出新的要求。化学也同其他学科一样,取得了惊人的进展。门捷列夫正诞生在这样一个时代。门捷列夫从小就热爱劳动,热爱学习。他认为只有劳动,才能使人们得到快乐、美满的生活;只有学习,才能使人变得聪明。

门捷列夫还在中学读书的时候,那里有一位很有名的化学教师,经常给他们讲化学课。热情地向他们介绍当时由英国科学家道尔顿始创的新原子论。由于道尔顿新原子学说的问世,促进了化学的速度发展,一个一个的新元素不断被发现。化学这一门学科正激动着人们的心。这位教师的讲授,使门捷列夫的思想更加开阔了,决心为化学这门科学献出一生。

在大学学习期间,门捷列夫表现出了坚韧、忘我的超人意志。那时,气管出血症在一直折磨着他,身体由于疾病而丧失了无数血液,他在一天一天的消瘦和苍白。可是,在他因贫血而苍白的手里却总是握着一本化学教科书。那里面有很多当时没有弄明白的问题,那些问题一直缠绕着他的头脑,召呼他快去探索。他在用生命的代价,在科学的道路上攀登着。他说:"我这样做不是为了自己的光荣,而是为了俄国名字的光荣。"很长一段时间以后,门捷列夫病情才慢慢好转。

由于门捷列夫的学习刻苦和在学习期间进行了一些创造性的研究工作,1855年,他以优异成绩从大学毕业。毕业后,他先后到过辛菲罗波尔、敖德萨担任中学教师。这期间,他一边教书,一边在极其简陋的条件下进行科学研究,写出了《论比容》的论文。文中指出了根据比容进行化合物的自然分组的途径。1857年1月,他被批准为彼得堡大学化学教研室副教授,当时年仅23岁。

攀登科学高峰的路注定是艰苦而曲折的。门捷列夫在这条路上,也是吃尽了苦头。他担任化学副教授以后,负责讲授《化学基础》课。在理论化学里应该指出自然界到底有多少元素?元素之间有什么异同和存在什么内部联系?新的元素应该怎样去发现?对于这些问题,当时的化学界正处在探索阶段。近50多年来,各国的化学家们,为了打开这秘密的大门,一直在进行着顽强的努力。虽然有些化学家如德贝莱纳和纽兰兹在一定深度和不同角度客观地叙述了元素间的某些联系,但由于他们没有把所有元素作为整体来概括,所以没有找到元素的正确分类原则。年轻的学者门捷列夫也毫无畏惧地冲进了这个领域,开始了艰难的探索工作。

门捷列夫开始了不分昼夜的研究,孜孜以求的探求元素的化学特性和它们的一般的原子特性,然后将每个元素记在一张小纸卡上。他企图在元素全部的复杂的特性里,捕捉元素的共同性。但他的研究,一次又一次地失败了。可他不屈服,不灰心,坚持干下去。

为了彻底解决这个问题,他又走出实验室,开始出外考察和整理收集资料。1859年,他去德国海德尔堡进行科学深造。两年中,他集中精力研究了物理化学,使他探索元素间内在联系的基础更扎实了。1862年,他对巴库油田进行了考察,对液体进行了深入研究,重测了一些元素的原子量,使他对元素的特性有了深刻的了解。1867年,他借应邀参加在法国举行的世界工业展览俄罗斯陈列馆工作的机会,参观和考察了法国、德国、比利时的许多化工厂、实验室,大开眼界,丰富了自己的知识。这些实践活动,不仅增长了他认识自然的才干,而且对他发现元素周期律,奠定了雄厚的基础。

门捷列夫又返回实验室,继续研究他的纸卡。他把重新测定过的原子量的元素,按照原子量的大小依次排列起来。他发现性质相似的元素,它们的原子量并不相近;相反,有些性质不同的元素,它们的原子量反而相近。他紧紧抓住元素的原子量与性质之间的相互关系,不停地研究着。他的脑子因过度紧张，而经常昏眩。但是，他的心血并没有白费，1869 年 2 月 19 日，他终于发现了元素周期律。他的周期律说明：简单物体的性质，以及元素化合物的形式和性质，都和元素原子量的大小有周期性的依赖关系。门捷列夫在排列元素表的过程中，又大胆指出，当时一些公认的原子量不准确。如那时金的原子量公认为 169.2，按此在元素表中，金应排在锇、铱、铂的前面，因为它们被公认的原子量分别为 198.6、196.7、196.7，而门捷列夫坚定地认为金应排列在这三种元素的后面，原子量都应重新测定。大家重测的结果，锇为 190.9、铱为 193.1、铂为 195.2，而金是 197.2。实践证实了门捷列夫的论断，也证明了周期律的正确性。

在门捷列夫编制的周期表中，还留有很多空格，这些空格应由尚未发现的元素来填满。门捷列夫从理论上计算出这些尚未发现的元素的最重要性质，断定它们介于邻近元素的性质之间。例如，在锌与砷之间的两个空格中，他预言这两个未知元素的性质分别为类铝和类硅。就在他预言后的四年，法国化学家布阿勃朗用光谱分析法，从门锌矿中发现了镓。实验证明，镓的性质非常像铝，也就是门捷列夫预言的类铝。镓的发现，具有重大的意义,它充分说明元素周期律是自然界的一条客观规律;为以后元素的研究,新元素的探索,新物资、新材料的寻找,提供了一个可遵循的规律。元素周期律像重炮一样,在世界上空轰响了!

门捷列夫发现了元素周期律,在世界上留下了不朽的荣誉,人们给他以很高的评价。恩格斯在《自然辩证法》一书中曾经指出。"门捷列夫不自觉地应用黑格尔的量转化为质的规律,完成了科学上的一个勋业,这个勋业可以和勒维烈计算尚未知道的行星海王星的轨道的勋业居于同等地位。"

由于时代的局限性,门捷列夫的元素周期律并不是完整无缺的。1894年,惰性气体氩的发现,对周期律是一次考验和补充。1913年,英国物理学家莫塞莱在研究各种元素的伦琴射线波长与原子序数的关系后,证实原子序数在数量上等于原子核所带的阳电荷,进而明确作为周期律的基础不是原子量而是原子序数。在周期律指导下产生的原子结构学说,不仅赋予元素周期律以新的说明,并且进一步阐明了周期律的本质,把周期律这一自然法则放在更严格更科学的基础上。元素周期律经过后人的不断完善和发展,在人们认识自然,改造自然,征服自然的斗争中,发挥着越来越大的作用。

门捷列夫的自我介绍

门捷列夫除了完成周期律这个勋业外,还研究过气体定律、气象学、石油工业、农业化学、无烟火药、度量衡等。由于他总是日以继夜地顽强地劳动着,他在研究过的这些领域中,都在不同程度上取得了成就。

1907 年 2 月 2 日,这位享有世界盛誉的科学家,因心肌梗死.与世长辞了。但他为化学这门学科的发展所做的贡献,给世界留下的宝贵财产,永远存留在人类的史册上。

化学的起源

名句箴言

少而好学，如日出之阳；壮而好学，如日中之光；老而好学，如炳烛之明。

——刘向

炼丹术

从事化学领域工作的人普遍认为，近代实验化学起源于欧洲中世纪的炼丹术，而欧洲炼丹术主要来源于阿拉伯人的炼丹术。阿拉伯人的炼丹术又是从中国古人"点石成金"的炼丹术衍变而成的。中国炼丹家早就使用的硝石和硇砂，被阿拉伯人称为"中国雪"和"中国盐"。

我国的炼丹术是古人为求"长生不老"而炼制丹药的方术。早在公元前的战国时,就有向荆王献"不死之药"的记载。汉武帝时,方士正式开始"炼丹"。这是我国也是世界炼丹术的起始。那时从事的炼丹活动主要包括三个方面:用各种无机物,包括金属和矿物,经过化学处理制作"长生药";为了制取"药用"的人造黄金或白银而从事的冶金试验;为了寻求植物性"长生药"而进行的药用植物研究。炼丹术的目的是荒诞的,带有浓厚的封建迷信色彩,历史上从来没有一个人成功过。但是,炼丹给古人提供了一个探索自然的机会,最终为近代实验化学从正反两方面提供了有益的实验和思想材料。

那时炼丹方法主要分为火法和水法两种。

火法:炼丹家将它分为煅(长时间高温加热)、炼(干燥物质的加热)、炙(局部烘烤)、熔(熔化)、抽(蒸馏)、飞(飞华)、伏(加热使药物变性)等手段,大体相当于今天的无水加热法。利用火法,炼丹家从硫化汞中制取了水银(汞),观察到了水银的各种形态和性质,并能制得与天然的红色硫化汞(丹砂)性质一样的人造红色硫化汞(银朱或灵砂),以及水银与多种金属的合金。唐代方士在运用《水法》的过程中又认识到,按一定比例将硫黄、硝石、木炭混合,可以配成一种容易燃烧的物质,这就是以后人们所说的黑色火药。

水法炼丹包括:化(溶解、溶化)、淋(用水溶解出固体物的一部分)、封(封闭后静置)、煮(水中加热)、熬(水中长时间高温加热)、养(低温加热)、酿(静置于潮气或碳酸气中)、点(以少量药剂使大量物质发生变化)等手段。通过运用水法的实践,人们发现了某些类似于今天所说的酸碱反应、氧化-还原反应、金属置换反应的化学过程,并能将黄金熔解于水银和一些药物中,从硫酸铜矿石中制取纯铜,对于无机催化剂的功能也有所记载。这些都为现代实验化学提供了宝贵的经验。

我国古代炼丹家专门用于从朱砂中"抽汞"的蒸馏器,西方科学史家一向认为是阿拉伯人发明的,其实我国古代炼丹家早就开始制造这种设备。

炼丹术的产生是有其社会背景的,当封建社会发展到一定阶段,生产力有了较大的提高的时候,统治阶级对物质享受的要求也就越来越高。皇帝和贵族自然而然地产生了两种奢望:第一希望掌握更多的财富,供他们享乐;第二希望自己长生不死,使他们的统治千秋万代。

中国炼丹活动大约起源于公元前3世纪,到了东汉,方士们的神仙思想发展成为道教思想,炼丹的风气便深入民间。东汉魏伯阳所著《周易参同契》是现存的世界上最早的关于炼丹术的理论著作,书中提到当时的炼丹方法有《火记》600篇,可见当时人们对火法炼丹已积累了大量经验性知识。晋代炼丹家葛洪所著《抱朴子·内篇》,对汉晋以来的炼丹术作了详细的记载和总结,他把炼丹术分为 3 个互相关联的部分:①炼制万应灵丹,以其为"仙道之极"。②采集并加工制作长生不老药。这些药物包括矿物、动物性、植物性药物,认为它们能起到"令人身安命延""养性"和"除病"的作用。③点化金银。用铜、铁等普通金属点化为黄金和白银,实际上是使用化学方法把普通金属制成各种与金、银外貌相似的合金。

公元 8 世纪,除了中国发展炼丹术以外,阿拉伯也出现了称为"alkimiya"(据考证可能是由汉语"金液"两字的古音"kimya"演变而来)的炼丹术,他们追求一种叫作阿尔伊克西尔的万应灵丹,指望用它来使人长寿,其他内容则包括炼金和制药。约公元 12 世纪,阿拉伯炼丹术随着伊斯兰教的势力传播到欧洲。

由于炼丹术的最终指导思想是唯心的,因此,他们的最初目的全然没有达到。但是炼丹的实践过程毕竟使炼丹家们接触到种种自然现象,从而提高了对自然界的认识,例如,他们日日夜夜地在炼丹室工作,积累了丰富的实际经验,从而提炼出了一种可贵的思想:"物质之间可以用人工的方法互相转变",而唐朝末年出现的火药则是炼丹术实践的产物。最后,炼丹术成了欧洲近代化学产生和发展的基础,一些"alchemia"和"alchimia"等代表炼丹术的名词也演变为代表化学的"chemie"(德文)、"chimie"(法文)和"chemistry"(英文)。

名句箴言

你要记住，永远要愉快地多给别人，少从别人那里拿取。

——高尔基

炼金术

古代一些炼金家一直想要点石成金（即用人工方法制造金银），他们一直在寻找一种方法可以通过某种手段把铜、铅、锡、铁等贱金属转变为金、银等贵金属。像希腊的炼金家就把铜、铅、锡、铁熔化成一种合金，然后把它放入多硫化钙溶液中浸泡。于是，在合金表面便形成了一层硫化锡，它的颜色酷似黄金

（现在,金黄色的硫化锡被称为金粉,可用做古建筑等的金色涂料）。这样,炼金家们便主观地认为"黄金"已经炼成了。实际上,这种仅从物质表面颜色而不是从本质来判断物质变化的方法,是自欺欺人。他们从未真正达到过"点石成金"的目的。

虔诚的炼丹家和炼金家的目的虽然没有达到,但是他们辛勤的劳动并没有完全白费。他们应该算是第一批专心致志地探索化学科学奥秘的"化学家"。他们长年累月置身在被毒气、烟尘笼罩的简陋的"化学实验室"中,为化学学科的建立积累了相当丰富的经验和失败的教训,甚至总结出一些化学反应的规律。例如葛洪从炼丹实践中提出:"丹砂（硫化汞）烧之成水银,积变（把硫和水银二者放在一起）又还成（变成）丹砂。"这是一种化学变化规律的总结,即"物质之间可以用人工的方法互相转变"。

炼丹家和炼金家夜以继日地在做这些最原始的化学实验,必定需要大批实验器具,于是,他们发明了蒸馏器、熔化炉、加热锅、烧杯及过滤装置等。他们还根据当时的需要,制造出很多化学药剂、有用的合金或治病的药,其中很多都是今天常用的酸、碱和盐。为了把试验的方法和经过记录下来,他们还创造了许多技术名词,写下了许多著作。正是这些理论、化学实验方法、化学仪器以及炼丹、炼金著作,开挖了化学这门学科的先河。

　　早期的炼金术者大约产生于公元 1～5 世纪。西方炼金家们认为金属都是活的有机体，会逐渐发展成为十全十美的黄金。这种发展可人工加以促进，或者仿造。所采取的手段就是把黄金的形式或者灵魂隔离开来，使其转入贱金属；这样贱金属就会具有黄金的形式或特征。金属的灵魂或形式被看作是一种灵气，主要是表现在金属的颜色上。因此贱金属的表面镀上金银就被当作是炼金术者所促成的转化。

　　炼金术者所采用的一个相当普遍的方法是把四种贱金属铜、锡、铅、铁熔合，获得一种类似合金的物质。然后使这种合金表面变白，这样就赋给它一种银的灵气或者形式。接着再给它加进一点金子作为种籽或发酵剂使全部合金变为黄金。最后再加一道手续，或者把表面一层的贱金属蚀刻掉，留下一个黄金的表面，或者用硫黄水把合金泡过，使它看上去有点像青铜那样，这样转变就完成了。

　　而另一种为早期炼金家们加以广泛传播的思想，是一种更为原始的观念，即金属是两性生殖的产物，金属本身就有雌雄之分。这种观念在伊斯兰教和中古炼金术里的地位比较重要。

　　自公元 12 世纪起，基督教盛行的西方社会开始翻译阿拉伯和希腊著作，其中也包括了炼金术文献。希腊炼金术对欧洲的影响远不及经过了系统化的阿拉伯炼金术所产生的影响。炼制黄金是欧洲炼金术的主要目标。欧洲学者根据伊斯兰炼金术的理论,进行了大量实验。虽然不可能成功,但却为化学的发展与出现积累了大量知识。

阿拉伯的炼金术

早在公元前 2 世纪,即中国的西汉时期,中国就开始与西部的中亚、伊朗有了经济和文化的交流。到了唐代,这种交流达到了新的阶段。当时的来往是沿着陆上的"丝绸之路"和海路进行的。唐帝国和阿拉伯帝国是东西相对应的,这就构成了当时世界文化的两大中心。中国与阿拉伯之间,使节、商人、游客互相来往,开展了频繁的贸易活动。在这个时期中国的炼丹术和造纸术、医药学、天文学等一起传到了阿拉伯,并与希腊的炼金术相结合,构成阿拉伯学术中的一个特殊组成部分。

由于当时密切的文化交流,我们可以看到阿拉伯的炼金术其实与中国的炼金术有许多相似之处。除了炼制设备相似外,所用药物也大概相同。中国炼金所用药物主要是硫、汞、丹砂、硝石、雄磺等,而阿拉伯炼金术用的也是这一些。阿拉伯人还把许多炼丹术药物的名称前都冠以中国二字。如硝石,他们称为"中国雪"。阿拉伯的炼金术士同中国的炼丹术士一样,一般都长于医术。当然也有些不同,中国的炼丹术士追求的是制造长生不老之药。而阿拉伯炼金术士追求的是制造黄金，发财致富；但又不仅仅是追求黄金，还具有相当浓厚的学术气息，因而在此过程中作出了不少重大的化学发现。

下面给大家介绍一下阿拉伯当时比较著名的一些炼金术士。阿拉伯早期有名的炼金术士比尔·伊木·海扬（公元721—815年），是一位学识渊博的医生，主要著作有《物质大典》《七十书》《炉火术》《东方水银》等。在这些书里，他指出金属可互相转换，他把水银称作重女，说她能起死回生，又能将铜、铁、铅等变成黄金。他最早应用蒸馏方法制出硝酸、硫酸，并将硝酸和盐酸混合制成王水。据说他还制造过碳酸铅，从硫化物中提取过砷和锑。他十分重视动手实验，并且说："谁不做研究和实验，则他就一事无成……术士们感到高兴的不应该是因为有了大批材料，而仅仅是因为得到了完善的实验方法。"

其后阿拉伯著名炼金术士、医生拉泽（公元860—933年），在研究炼金术方面有很大的发展。他把已知的物质分为植物性的、动物性的、矿物性的和衍生物。又把矿物性物质再分为挥发性精英、金属体、岩石、矾土、硼砂和盐。使用的仪器有用风箱、坩埚、勺子、铁剪子、烧杯、蒸馏器、沙浴、水浴、漏斗、焙烧炉和天平等。后期的阿拉伯炼金术士、医生阿维纳森（公元980—1037年），其阿拉伯姓名有"中国之子"的含义，以表明他对中国炼丹家们的崇敬。他的著作甚丰，其代表作为《医典》。在《医典》中作者提出了对矿物、金属形成和金属成分的看法。他把无机矿物分为石、可熔物、硫和盐四大类。按照他的见解，石是生于水，再受干素的作用而生成的，明矾和硇砂是含有土和火的盐，金属是由硫、汞及决定金属本性的杂质所组成。阿维森纳否定金属可以相互转化。他说，炼金家能够得到的只是金属的合金，或能使金属带有贵金属的颜色。他的《医典》，后来译成拉丁文及其他欧洲文字，长期在欧洲传播着，影响较为深远。

伊斯兰的炼金术

伊斯兰的炼金术则体现了一种关于本质的哲学思想，它与古希腊赫尔墨斯的哲学和中国的炼金术，以及关于矿物和金属转变成金的特殊原理都有密切的关系。在伊斯兰教历史上，穆斯林学者们对炼金术的效能争论不休。正统的宗教学者大多反对炼金术，而多数自然学科的学者，尽管他们也不大相信一般金属能变成黄金，却接受了炼金术的基本观点。著名的伊斯兰医学家伊本·西那在他的《治疗书》中关于金属构成的学说，便是以炼金术的理论为基础。

伊斯兰最早的炼金术士应该算是倭麦亚王子哈立德·伊本·叶基德。公元 8 世纪初，炼金术甚为流行，其代表人物是贾比尔·伊本·哈扬。他的著作《七十本书》和《平衡书》,被视为伊斯兰炼金术的基础理论著作,是用阿拉伯文写成的关于炼金术最重要的文献。而穆斯林医生兼炼金术拉齐被誉为将炼金术发展为古代化学的奠基人。

西方炼金术

位于埃及尼罗河入海口的亚历山大城,是个繁华的城市,有很多民族杂居在一起。西方的炼金术,就在公元一世纪的时候起源于此。

埃及人的冶金技术很发达(比中国都早),这也成为炼金术产生的基本条件。不过埃及工匠们都很实际,虽然也会偷偷往黄金里掺点黄铜,以次充好,赚点不义之财,但还没有直接把黄铜变成黄金的妄想。希腊人在与埃及人的交往中发现了这一点,再加上希腊人的哲学思想中原本就有关于金属转变为黄金的理论,于是,炼金术产生了,只是单纯的想把普通金属变为黄金。

在西方社会,炼金术的基本思想源于亚里士多德的"四元素说"(地水火风),各种元素之间可以相互转换,不完善的金属(铜、铁)终究会转变为完善的金属(金),而炼金术就是要让这个转变的过程加速。

顺便说一句,这个"四元素学说"在西方相当有基础,很多传说都是用这个学说来解释世界的组成的,《炼金术士玛丽》中的物品也是按照这个来分类的。

我们前面已经提到过,这个亚历山大城是个多民族杂居的地方,当然不仅仅是埃及人和希腊人在做炼金术士,各个民族的人都在拿出他们的神话来为炼金术尽一份力。

于是炼金之前先得祭天求神,念咒驱鬼,还要符合神秘的仪式,总之是玄之又玄,一个不注意就会失败。其实呢,那时候炼金的基本方法就是把普通金属混合熔炼,得到黑色合金,再加入水银让它转白,再用硫化钙溶液让它变黄,再洗干净就行了。

当然,这样炼金术炼出的黄金,并不是真金,大量制造之后,终究会引起金融市场混乱。这时的亚历山大城隶属于罗马帝国,这个注重军事的帝国对开始经济和知识不怎么重视。到了公元 4 世纪,罗马皇帝开始整顿金融市场,炼金术由于制造了大量伪金而被取缔了。

不过,有一部分炼金术的书籍却被景教的信仰者带到了中东。

景教是基督教的支派,既肯定神性也肯定人性,认为世俗的文化技术是有益的,甚至是上帝故意安排的,可以与神学共存。当时罗马的国教是正统的基督教,不能容忍这种宽容的思想,对景教十分排斥。

于是景教东迁到波斯。波斯的官方宗教是拜火教,不过对其他宗教也很宽容,景教教徒凭借他们的医学技术得到波斯贵族的支持,终于可以使他们安下心来研究,使炼金术又有了一点复兴的迹象。

由炼金术到化学的转变也不是一下子完成的,这期间有无数的学者研究、推测、验证。总之,终于,神秘莫测的炼金术变成了井井有条的化学。

人类的思维有时候真是个很奇妙的东西。一些事物虽然天各一方，发展迥异，但在理应平行的文明进程中，却无数次地显现出相似的轨迹与交融的奇点。其中，源自世上最大半岛（阿拉伯半岛）而兴盛于欧洲的炼金术和只流传在被高原大漠所隔离的欧亚大陆最东端的炼丹术，就是这些轨迹奇点之一。

炼金术（Alchemy）一词源自阿拉伯文 elkimya，埃及文为 Khem，早于基督教的出现。炼金术结合法术（magic）和希腊神秘哲学（Hermeticphilosophy），公元 4 世纪以后，炼金术被压制。12 世纪，炼金术经由西班牙的伊斯兰教炼金术士传入欧洲。在欧洲，中世纪炼金术结合了诺斯替教的成分，最流行的部分是转石成金这种技术。与之相异，炼丹术的足迹却从来没有踏出过中原大地，虽然炎黄一族在先秦炼丹术诞生后的几千年聚散分合的历史中曾无数次地主动或被动地和异族文明交融。但这门秘术至今还是让西方的古文明学者们莫知其详。

但当这两门互不相干的秘术同时登上一个舞台向世人展现的时候。人们仿佛看到了一对素未谋面，但从表至里都惊人相似的孪生兄弟重逢的场面。

　　前面讲了这么多关于炼丹和炼金术故事，下面让编者带着大家去具体了解一下前面提到的葛洪和伊本·西那这两位伟大的人物。

　　炼丹术在我国有着悠久的历史，早在公元前三四世纪的战国，就有关于方士和求"不死之药"的记载。我们都听说过秦始皇曾派遣徐福带着几百个童男童女到蓬莱求仙人赐不死之药的故事。汉武帝也曾招罗众多方士，讲求长生不老之术。炼丹的风气在封建统治阶级的扶助下盛行起来。到了魏晋南北朝，方士演变成符水治病的道士，他们把先秦的道家创始人老子认作始祖。从此道教成为我国封建社会中的主要宗教之一，与儒、佛并行于世。

　　炼丹的本意其实是荒谬的，它指望借金石之精气使人长生不老，得道成仙。但是在炼丹的实践活动中，部分炼丹家吸取了劳动人民生产和生活的丰富经验，同时孜孜不倦地从事采药、制药的活动，积累了大量的关于物质变化的知识，认识了物质变化乃是自然界的普遍规律。特别是炼丹人大都兼搞医疗活动，他们把炼丹的药物引入医疗，从而丰富了我国传统医学的内容。在这些炼丹家中，葛洪是一个突出的代表。

　　葛洪字稚川，号抱朴子。东晋丹阳句容人。出生在一个没落的贵族家庭，祖父在三国时代曾是吴国的大官，父亲也做过吴国的大官，投降晋国后，还做过中等官吏。在他 13 岁那年，父亲病亡，家境也随之衰落。葛洪从小就有一种强烈的求知欲，没有书，就到处向别人借书来读，无钱买笔墨，就拿木炭在地上练写字。从 16 岁读儒家的《孝经》《论语》等书开始，广泛地阅读了许多书，从经书、史书到杂文，凡能借到的书都认真地读了。后来还学习了"望气""卜卦"之类。葛洪经过长期的刻苦自学终于成为一个学识渊博的人。

西晋末叶，统治阶级内部争权夺利，"八王之乱"(晋元康元年(公元 291 年)至光熙元年(公元 306 年)，晋皇室诸王争夺中央朝权的作战。其代表人物为汝南王司马亮、楚王司马玮、越王司马伦、齐王司马冏、长沙王司马乂、成都王司马颖、河间王司马颙、东海王司马越等八王，史称"八王之乱"。)"蛮族叛乱"，战争接连不断，社会生产力受到严重破坏，阶级斗争异常尖锐，农民起义也风起云涌。生活在这种形势下，葛洪和一些地主阶级一样，从现实的失望中，转而求援于上帝，投身于神仙方士之术。葛洪把老庄之学充分地演化为神仙方士之术，他的思想实质上是内神仙外儒术。他的炼丹理论正是从这一思想出发的。他认为一切物质都可以变，而在诚心的要求和适当的条件下，人们可以变得仙丹和黄金。根据这一理论,葛洪在收集、研究各种药方,为民治病的同时。进行了大量的炼丹实验。从这些炼丹的实验中,葛洪熟悉了许多无机物质的组成和一些比较简单的化学反应。我们仅从《抱朴子内篇》里,可以发现葛洪已具备有下列的化学知识:

1. 他说:"丹砂烧之成水银,积变又还成丹砂",丹砂即硫化汞,加热即分解而得到汞。汞与硫黄化合又生成黑色的硫化汞,再在密闭容器中调节温度,便升华为赤红色的结晶硫化汞。采用硫化汞制水银,我国早在公元前就知道,而葛洪是最早详细记录这一反应的人。

2. "以曾青涂铁,铁赤色如铜"曾青大概指含硫酸铜的胆矾,以曾青涂铁即以铁和硫酸铜的溶液起作用,铁取代了硫酸铜里的铜,故表面附有一层红色的铜,因为采用涂敷的方法,所以硫酸铜只在铁表面发生作用。葛洪进而说:"外变而内不化。"可见对于这一金属置换反应,葛洪是作了仔细观察的。

3. "铅性白也,而赤之以为丹,丹性赤也,而白之以为铅。"这是说铅可以变为铅白,即碱式碳酸铅,铅白又可以变成赤色的铅丹,即四氧化三铅;铅丹则可以变还为铅白,最后回复为铅。这表明葛洪对铅的化学变化作过系列实验考察。

4."取雌黄、雄黄，俒下，其中铜铸以为器复之，……百日此器皆生赤乳，长数分。"雌黄指 As_2S_3，雄黄指 As_2S_2，它们加热后均能升华。葛洪这段话就是对它们升华试验的描述。

5.葛洪大概曾制得外表像黄金、白银的几种合金，可能里面有不同比例的铜、铅、汞、镍等元素。《抱朴子·内篇》里"黄白"那卷对此讲得有声有色，可惜原文过于隐晦，还需作进一步考证研究。

在当时，葛洪能有这样丰富的知识是难能可贵的，他是我国炼丹术发展中承前启后的人物。他那富于鼓动性的文笔，替炼丹术作了宣传，他对炼丹方法的具体著述对后来的炼丹家影响很大。

下面我们再来了解一下伊本·西那（公元980—1037）。他是阿拉伯哲学家，医学家，拉丁名阿维森纳。生于中亚布哈拉城附近的阿夫沙纳镇（今乌兹别克斯坦境内）。其父是伊斯玛仪派信徒，为萨曼王朝官员。早年接受多方面教育，10岁能背诵《古兰经》，受什叶派传统影响，注重学习哲学和数学。青少年时曾学习亚里士多德的逻辑学、欧几里得几何学及托勒密天文学，医学造诣尤深，18岁成为名医。后被萨曼王朝埃米尔聘为御医。其间亦从政,官至大臣,但仕途坎坷。一生著作颇丰,多涉及哲学与医学,物理学、天文学、数学、化学和自然史领域亦广泛涉猎。著作多已遗失,现仅存 130 多部。最有影响的两部著作是《治疗论》和《医典》,前者指灵魂的治疗,论及新柏拉图主义的形而上学、自然科学与神秘主义;后者为一部百科全书式医学知识宝典。

伊本·西那在哲学方面受法拉比影响至深,其《治疗论》全书分为 4 部分,分别论及治疗逻辑、肉体、数学和形而上学。该书泛论哲学,思想核心是关于存在的本体论。认为真主是"必然存在"而人类是"偶然存在",前者超然后者并衍生宇宙万物。伊本·西那试图一方面维护对真主超验性的宗教信仰,另一方面也要表明必然存在与偶然存在之间的连续性。伊本·西那的这种关于精神本体论的哲学思想与苏非神智学类同。他将哲学思辨与神秘体验融汇为一种新的哲学和宗教传统。伊本·西那继承了古希腊医学家盖仑的医学理论,其医学巨著《医典》代表了当时阿拉伯医学的最高成就。这部百万字巨著共分 5 卷 37 章,内容涉及医学概论、生理学、病理学、诊断治疗方法、处方学等。该书原文为阿拉伯文,后被译成波斯文、土耳其文、乌尔都文、希伯来文、西班牙文和拉丁文。此外,他在临床医疗实践方面也有很多新的发现，如对脑膜炎、流行病的传播方式及肺结核的传染性等都有独到医学观察和研究。

伊本·西那的哲学思想影响极为广泛。早在12世纪其思想便随著作传播到了西班牙。《治疗论》大部分在1150年前便被译成拉丁文。西方的很多基督教思想家和哲学家都曾深受其影响，如英国自然哲学家罗吉尔·培根等。他的哲学思想在欧洲大学课程中都有教授。其《医典》直至17世纪仍为西方医学教材的基础。但在伊斯兰世界，伊本·西那的哲学思想遭安萨里攻击，视为对正统穆斯林教义学的威胁，使其理论遭到排挤。但在波斯语系的穆斯林地区，其影响一直很重要，对苏非派等有重要的影响。

化　学　发　展　概　述

工作就是人生的价值，人生的欢乐，也是幸福之所在。

——罗丹

名句箴言

化学概览

说到化学，我们从中学开始就已经知道：化学是研究物质的性质、组成、结构、变化和应用的科学。世界是由物质组成的，化学则是人类用以认识和改造物质世界的主要方法和手段之一，它是一门历史悠久而又富有活力的学科，它的成就是社会文明的重要标志。从开始学会用火的原始社会，到使用各种人造物质的现代社会,人类每时每刻都在享用着化学成果带给我们的一切。人类的生活能够不断提高和改善,化学的贡献在其中起了重要的作用。

化学作为一门重要的基础学科,在与物理学、生物学、天文学等学科的相互渗透中,得到了迅速的发展,同时,也推动了其他学科和技术的发展。例如,在生物学方面,核酸化学的研究成果使今天的生物学从细胞水平提高到了分子水平,建立了分子生物学;对地球、月球和其他星体的化学成分的分析,得出了元素分布的规律,发现了星际空间有简单化合物的存在,为天体演化和现代宇宙学提供了实验数据,还丰富了自然辩证法的内容。

化学渊源

化学的历史渊源可以追溯到原始社会,人类生活在这个不停运动、不断变化的物质世界中,大自然的许多化学现象,如森林失火、动植物腐烂、空气和水对许多东西的侵蚀等现象,不断地刺激着人类的感官,一次又一次地印入人类的脑海,渐渐地,人类不再局限于通过自己的本能活动来适应外界环境的变化,而开始依靠集体的力量来与自然界作斗争,人类就是在这种斗争的进程中,在赢得自己的生存和发展的基础上,孕育了包括化学在内的自然科学的萌芽,为世界文明奠定了最初的理论基础。

可以说火的发现对化学的发展具有奠基性的意义,它为进行化学操作打开了方便之门,原始人借助于火,学会了用泥土、铜、青铜或其他易于获取的物质来制作器具。虽然这一时期没有文字记载,但后人可以通过对原始人制造的武器、器皿进行分析,才能推测出他们所使用的制取方法和材料。

后来,文字的出现使一些化学制取方法留下了比较准确的记载。随着文明的发展以及各种工艺技术的发明和改进,许许多多化学物体已为人所利用,可是,大多数人总是只关心最后的成品及其用途。只有工匠本人才关心产品制作方法。这些工匠中的大多数,出于一种仿佛已成为人类天性的本能,为自己及其子孙后代的利益,将手艺绝不外传。他们只靠口头传授来培养后人,因而极少留下工艺过程的文字记载。所以后人也只能根据对各个古文明时期制造和使用的各种器具的分析,来了解他们使用的方法。在这方面,考古学家掌握的各种情况都说明,现在称为化学的这门学问是和人类历史一样悠久的,但也表明史前时期和古文明时期的化学纯粹是经验的产物,决不能算是一门科学。

火是使原始人能广泛进行化学反应的第一个发现。人类使用火的意义重大,它为人类自身的发展开辟了一个新的、广阔的前景,增强了人类征服自然的能力。火发现于远古时代,凡是能划为人类遗物的东西,大都与火有关。

千万年间,随着史前人类文明雏形的缓缓发展,火的应用逐渐使人拥有了日益增多的武器和工具,从而为人类社会发展带来了新的进步。考古学家在墓穴或城市废墟中发现过不少早期文明的遗物,当初留下的这些遗物都是些金属用具和陶器。根据这些器物,通常即可确定当时的制造者所达到的文明发展程度。由于在已发现的任何文献中几乎都找不到有关这些器物制作过程的描述,所以,只有通过检验和分析这些器物才能描绘出化学早期发展阶段的图景。

在火的使用和制陶技术中,包含一些化学知识的萌芽。但古代工匠甚至没有想到冶炼金属是一种化学工作,也不认为这种工作与他一生的其他活动有什么不同。然而,新的发现一旦出现,立即就会加入文明技术进程,最终成为古代科学。

陶器的发明并不是某一个地区或某一个部落古代先民的专利品,它是人类在长期的生活实践中,任何一个古代农业部落和人群,都能各自独立创造出来。古代埃及、西南亚、印度、波斯及希腊的劳动人民,也和中国古人一样,在辛勤的劳动中,创造了灿烂的古代文化。制陶工艺也都在新石器时代的一开始就出现了,后又随着生产的发展、社会的前进而发展。

在尼罗河两岸肥沃土地上生活的古埃及人民,很早就熟悉了陶器的制造,最初他们生产的也只是红陶和黑陶,质地较疏松,吸水率很高;后来又出现一种方法,即用某种物质,例如石墨等,在陶罐外面摩擦,把它涂上一层,使陶罐能呈现黑亮的光泽,随后人们慢慢学会在陶器上描绘各种图案。他们还曾采用过一种制造彩陶的工艺,即用某种含氧化铁的泥土掺入坯料,这样烧出来的陶器具有瑰丽的红砖色。这种红陶曾普遍地流传在近东一带,当埃及进入奴隶制国家时,制陶工艺有了很大进步,特别是古埃及人民很早就掌握了制造玻璃的技术。

考古学者曾从公元前千余年的墓葬中和干尸上发现过许多玻璃器皿。古代的玻璃几乎全都带色,也不很透明,因为那时制造玻璃的技术还处于初级阶段。为什么埃及能这么早地发明制造玻璃的技术呢?这是因为在埃及的一些湖岸上,存在着天然碱(碳酸钠),就在制陶的实践中,人们发现,将天然碱与砂石混合,在高温中熔化后,得到一种美丽透明的物块,这就是玻璃,最初用玻璃制造珍贵的装饰品、酒杯、花瓶、香水瓶等,后来玻璃器皿才逐渐成为日用品。制造玻璃的技术也慢慢地由埃及传到邻近的西南亚各国,在纪元前又传到希腊、罗马。

后来,罗马人自己对制玻璃技术进行改革,以玻璃炉代替烧锅，提高熔烧温度，使其熔化成清稀的液态。进而又发明了吹管，生产出美观明亮的各种用具，在实践中他们还逐步掌握了借添加铁、铜、铅等金属的方法，制成彩色玻璃。这种夹层玻璃制品充分反映了当时玻璃制品的工艺水平。玻璃制品的运用不仅丰富了人类的物质文化生活，还对中古时代欧洲炼金术、制药化学的发展起了促进作用。玻璃仪器及器皿也为近代化学实验所必需，是个有力的工具。

　　古代的西南亚，主要指底格里斯河和幼发拉底河流域，以及叙利亚、巴勒斯坦地区。这里也是人类文明最早的发源地之一。在公元前 8000 年左右，这地区就已处于新石器时代，到了公元前 4000 年左右也进入金石并用的奴隶社会。在这段时间里，人们从事农业生产，制陶业是主要的手工业之一。他们生产的陶器有黄色、红色和褐色，大多数具有单柄或双柄，这是该地区陶器的特色之一。在该地区公元前 3000 多年的古代遗址中，曾发掘出红色和灰色的陶器，另外还有一种黄色雕花的陶器，最引人注目。同时人们还发掘出了有轴的陶轮。这说明制陶术又有了很大进步。后来陶轮传到了埃及、印度及古希腊。在埃及古城底比斯，从一个古墓中曾出土一张公元前 1800 年的壁画，上面绘着一个陶工跪在地上，在一个回旋着的陶轮上塑造一件器皿。这壁画形象地描述了当时陶轮使用的情况，反映了当时制陶工艺的一个侧面，公元前四千年，这地区的几座大都城，像古代世界有名的巴比伦,都采用了大量的砖来筑城,砖瓦是制陶业在建筑上的运用,普遍地烧造砖瓦反映了当时制陶工艺的进步和繁荣。

印度作为世界的四大文明古国之一,近年来,在印度河流域逐渐发现了很多古代城市文化遗址,这些城市文化遗址通称为哈拉帕文化。哈拉帕文化约产生在公元前2500年左右,通过遗址的材料人们可以看到,当时社会的生产力已发展到相当高的水平。制陶工艺也是这样,当时已普遍采用陶轮了。陶器上常饰有优美的图案和动植物的花纹,烧造得相当好,同时还发现一些坚硬的陶管和陶质的玩具,这表明陶器的应用已很广泛。

陶器的出现是应该算是化学知识萌芽的一个开端。但古代文明至今保存得最好的器物还要算是金属制品。以至于石器时代之后的人类发展时代,都用铜、青铜或铁器等名称表示。甚至连古代人也有类似的观念,只不过他们通常认为文明在逐渐衰退,是从原始的黄金时代退化到了铜器和铁器的时代。在巴比伦人那里,神祇和行星都分别和各种金属联系在一起。

我们通过考古学的发现可以看到,人类最早使用的,都是一些天然金属。从埃及和美索不达米亚最古老的墓葬中,人们就发现了铜和金。尽管这些金属可能是在许多不同地区各自被人发现和得到使用的,但由于各个民族甚至在有文字记载之前就已开辟了贸易通道,所以,各种金属在文明国家间的辗转运送,对古代世界的文明交流无疑起了颇为重要的作用。

继天然金属使用之后,接踵而来的巨大进步是人类发明了从矿石中提炼金属的方法。史前时代定居于伊朗南部的苏美尔人,大约很早以前就在这里发现了用木柴加热来熔炼铜的方法。由于没有设法将所有的矿石进行精选,所以在把铜矿石和锡矿石混合熔炼时,自然很快发现了青铜。青铜与铜相比,硬度高,熔点低,这使它一经发现,就得到广泛的应用。

除各种金属外,古代人也尝试使用过大量的其他化学物质。釉料是其中一种,釉料在远古时期就已配制成功,后来经过逐渐改进,成为真正的玻璃。青金石最初可能产于巴比伦,作为一种贵重商品,经过自由转运后输入埃及,埃及人把它视为金属。巴比伦还制成了人造青金石,还有"埃及蓝",这是一种钙和铜的混合硅酸盐,在整个古代世界,甚至直到罗马时代,都很驰名,当时的建筑师维持鲁维斯就描述过它的制备方法。

公元前4世纪左右,希腊人也提出了与中国五行学说类似的火、风、土、水四元素说和古代原子论。这些朴素的元素思想,即为物质结构及其变化理论的萌芽。后来在中国出现了炼丹术,到了公元前2世纪的秦汉时代,炼丹术颇为盛行,大致在公元 7 世纪传到阿拉伯国家,与古希腊哲学相融合而形成阿拉伯炼丹术,阿拉伯炼金术与中世纪传入欧洲,形成欧洲炼金术,后逐步演进为近代的化学。

炼丹术的指导思想是深信物质之间可以相互转化,试图在炼丹炉中人工合成金银或修炼长生不老之药。他们有目的的将各类物质搭配烧炼,进行实验。为此涉及了研究物质变化用的各类器皿,如升华器、蒸馏器、研钵等,也创造了各种实验方法,如研磨、混合、溶解、洁净、灼烧、熔融、升华、密封等。

与此同时,人们进一步分类研究了各种物质的性质,特别是相互反应的性能。这些都为近代化学的产生奠定了基础,许多器具和方法经过改进后,仍然在今天的化学实验中沿用。炼丹家在实验过程中发明了火药,发现了若干元素,制成了某些合金,还制出和提纯了许多化合物,这些成果我们至今仍在利用。

化学中兴期

从公元 16 世纪开始,欧洲工业生产的蓬勃发展,推动了医药化学和冶金化学的创立和发展,使炼金术逐渐转向生活和实际应用,继而更加注意物质化学变化本身的研究。在元素的科学概念建立后,通过对燃烧现象的精密实验研究,建立了科学的氧化理论和质量守恒定律,随后又建立了定比定律、倍比定律和化合量定律,为化学进一步科学的发展奠定了基础。

到了 19 世纪初,近代原子论的建立,突出地强调了把各种元素的原子的质量为其最基本的特征,其中量的概念的引入,是其与古代原子论的一个主要区别。近代原子论使当时的化学知识和理论得到了合理的解释,成为说明化学现象的统一理论。分子假说提出了,建立了原子分子学说,为物质结构的研究奠定了基础。门捷列夫发现元素周期律后,不仅初步形成了无机化学的体系,并且与原子分子学说一起形成化学理论体系。

后来人们通过对矿物的分析,渐渐发现了许多新元素,再加上对原子分子学说的实验验证,经典性的化学分析方法也有了自己的体系。草酸和尿素的合成、原子价概念的产生、苯的六环结构和碳价键四面体等学说的创立、酒石酸拆分成旋光异构体,以及分子的不对称性等等的发现,导致有机化学结构理论的建立,使人们对分子本质的认识更加深入,并奠定了有机化学的基础。

进入 19 世纪下半叶后,热力学等物理学理论逐渐融入化学之后,不仅澄清了化学平衡和反应速率的概念,而且可以定量地判断化学反应中物质转化的方向和条件。相继建立了溶液理论、电离理论、电化学和化学动力学的理论基础。物理化学的诞生,把化学从理论上提高到一个新的水平。

20世纪后的化学

化学作为一门建立在实验基础上的科学,实验与理论一直是化学研究中相互依赖、彼此促进的两个方面。进入20世纪以后,由于受到自然科学其他学科发展的影响,并广泛地应用了当代科学的理论、技术和方法,化学在认识物质的组成、结构、合成和测试等方面都都有了长足的进展,而且在理论方面取得了许多重要成果。在无机化学、分析化学、有机化学和物理化学四大分支学科的基础上又产生了新的化学分支学科。

近代物理学中的理论和技术、数学方法及计算机技术在化学中的应用,对现代化学的发展起了很大的推动作用。19世纪末,物理学领域电子、X射线和放射性的发现也为化学在20世纪的重大进展创造了条件。

在结构化学方面,物理学中电子的发现开始并确立的现代的有核原子模型,不仅丰富和深化了对元素周期表的认识,而且发展了分子理论。应用量子力学研究分子结构,产生了量子化学。

并且从氢分子结构的研究开始,人们逐步揭示了化学键的本质,先后创立了价键理论、分子轨道理论和佩位场理论。化学反应理论也随着深入到微观境界。应用 X 射线作为研究物质结构的新分析手段,可以洞察物质的晶体化学结构。测定化学立体结构的衍射方法,有 X 射线衍射、电子衍射和中子衍射等方法。其中以 X 射线衍射法的应用所积累的精密分子立体结构信息最多。

研究物质结构的谱学方法也由可见光谱、紫外光谱、红外光谱扩展到核磁共振谱、电子自选共振谱、光电子能谱、射线共振光谱、穆斯堡尔谱等,与计算机联用后,积累大量物质结构与性能相关的资料,正由经验向理论发展。电子显微镜放大倍数不断提高,人们已可直接观察分子的结构。

经典的元素学说由于放射性的发现而产生深刻的变革。从放射性衰变理论的创立、同位素的发现到人工核反应和核裂变的实现、氘的发现、中子和正电子及其他基本粒子的发现,不仅是人类的认识深入到亚原子层次,而且创立了相应的实验方法和理论;不仅实现了古代炼丹家转变元素的思想,而且改变了人的宇宙观。

到了 20 世纪,人类开始掌握和使用核能。放射化学和核化学等分支学科相继产生,并迅速发展;同位素地质学、同位素宇宙化学等交叉学科也接踵而生。元素周期表扩充了,已有 109 号元素,并且正在探索超重元素以验证元素"稳定岛假说"。与现代宇宙学相依存的元素起源学说和与演化学说密切相关的核素年龄测定等工作,都在不断补充和更新元素的观念。

关于化学反应的理论方面,由于对分子结构和化学键的认识的提高,经典的、统计的反应理论进一步深化,在过渡态理论建立后,逐渐向微观的反应理论发展,用分子轨道理论研究微观的反应机理,并逐渐建立了分子轨道对称守恒定律和前线轨道理论。分子束、激光和等离子技术的应用,使得对不稳定化学物种的检测和研究成为现实,从而化学动力学已有可能从经典的、统计的宏观动力学深入到单个分子或原子水平的微观反应动力学。

随着计算机技术的发展,计算机在分子、电子结构和化学反应的量子化学计算、化学统计、化学模式识别,以及大规模技术的处理和综合等方面的应用,使得这些领域都得到较大的进展,有的已经逐步进入化学教育之中。关于催化作用的研究,以提出了各种模型和理论,从无机催化进入有机催化和生物催化,开始从分子微观结构和尺寸的角度和生物物理有机化学的角度,来研究酶类的作用和酶类的结构与其功能的关系。

运用各种分析方法和手段是化学研究的基本方法和手段。一方面,经典的成分和组成分析方法仍在不断改进,分析灵敏度从常量发展到微量、超微量、痕量;另一方面,发展出许多新的分析方法,可深入到进行结构分析,构像测定,同位素测定,各种活泼中间体如自由基、离子基、卡宾、氮宾、卡拜等的直接测定,以及对短寿命亚稳态分子的检测等。分离技术也不断革新,离子交换、膜技术、色谱法等等。

合成各种物质,是化学研究的目的之一。在无机合成方面,首先合成的是氨。氨的合成不仅开创了无机合成工业,而且带动了催化化学,发展了化学热力学和反应动力学。后来相继合成的有红宝石、人造水晶、硼氢化合物、金刚石、半导体、超导材料和二茂铁等配位化合物。

化学应用方面,在电子技术、核工业、航天技术等现代工业技术的推动下,各种超纯物质、新型化合物和特殊需要的材料的生产技术都得到了较大发展。稀有气体化合物的合成成功又向化学家提出了新的挑战,需要对零族元素的化学性质重新加以研究。无机化学在与有机化学、生物化学、物理化学等学科相互渗透中产生了有机金属化学、生物无机化学、无机固体化学等新兴学科。

各种化学合成新材料层出不穷,酚醛树脂的合成,开辟了高分子科学领域。20世纪30年代聚酰胺纤维的合成,使高分子的概念得到广泛的确认。后来,高分子的合成、结构和性能研究、应用三方面保持互相配合和促进,使高分子化学得以迅速发展。各种高分子材料合成和应用,为现代工农业、交通运输、医疗卫生、军事技术,以及人们衣食住行各方面,提供了多种性能优异而成本较低的重要材料,成为现代物质文明的重要标志。高分子工业发展为化学工业的重要支柱。

20世纪是有机化学发展的黄金时代。化学的分离手段和结构分析方法已经有了很大发展,许多天然有机化合物的结构问题纷纷获得圆满解决,还发现了许多新的重要的有机反应和专一性有机试剂,在此基础上,精细有机合成,特别是在不对称合成方面取得了很大进展。一方面,合成了各种有特种结构和特种性能的有机化合物;另一方面,合成了从不稳定的自由基到有生物活性的蛋白质、核酸等生命基础物质。有机化学家还合成了有复杂结构的天然有机化合物和有特效的药物。这些成就对促进科学的发展起了巨大的作用;为合成有高度生物活性的物质,并与其他学科协同解决有生命物质的合成问题及解决前生命物质的化学问题等,提供了有利的条件。

总结上个世纪化学发展的趋势可以归纳为:化学研究由宏观向微观、由定性向定量、由稳定态向亚稳定态发展,由经验逐渐上升到理论,再用于指导设计和开创新的研究。一方面,为生产和技术部门提供尽可能多的新物质、新材料;另一方面,在与其他自然科学相互渗透的进程中不断产生新学科,并向探索生命科学和宇宙起源的方向发展。

名句箴言

应当在朋友正是困难的时候给予帮助，不可在事情无望之后再说闲话。

——伊索

我国的化学发展

我国本草化学知识

中国医药学是一个伟大的宝库，蕴藏着许多珍贵的科学遗产，有待发掘。这个伟大的宝库，是数千年来中国人民在与疾病作斗争中创造出来的。古代中国长期积累起来的药物学知识，大部分都载入了历代本草书中,也有许多保留在民间流传。药物学的发展是与化学分不开的,因此在中国古代遗留下来的本草著作中蕴藏着丰富的化学知识。

自古以来,本草学一直是与医学在其产生、形成和发展过程中相辅相成的,由本草及本草学而产生的本草文化,不可避免的接受着民族文化的影响和熏陶。阴阳五行不仅用来阐述和解释生理和病理,还用来说明药物作用的一切现象与规律,从而也成为了本草文化的核心。

本草开始成书和本草学开始形成为一门内容较丰富、体系较完整的学科,是在战国以至秦汉之际(公元前 4 世纪至公元 1 世纪)。但本草学的渊源却更为遥远。中国古来就有"神农尝百草,一日而遇七十毒"的传说(《淮南子·修务训》),反映了原始社会时人们寻找食物和发现药物的艰难过程。

正如鲁迅所说:"许多历史的教训,都是用极大的牺牲换来的,譬如吃东西吧,某种是毒物不能吃,我们好像习惯了,很平常了,不过,这一定是以前因为很多人吃死了,才知道的。"远古时人们正是尝试了各种动、植、矿物,作出巨大的牺牲后,才逐步积累起了早期的药物学知识的。本草学起源于远古时广大群众的生产实践和生活实践,而绝不是某一个人的劳作。

由于远古劳动人民在实践中逐步积累了早期的药物学

知识,因此使许多人靠简单的药品免于疾患,减少了死亡的威胁。战国时(公元前5世纪至公元前2世纪)成书的《山海经》中,就载有动、植、矿物、药物达一百二十多种,指出了这些药物的疗效等。比《山海经》成书更早的《诗经》中,也有些关于药物的零散记载。此书成于西周,载有奴隶社会时的一些史料,是现存中国古代文献中最早记载药物的书籍。

中国进入封建社会后,即在战国以至秦汉之际,本草学知识趋于系统化了,这是和当时医学以及生产和科学技术的发展分不开的。秦代统一中国后,国内经济、文化获得长足的发展。据《汉书·艺文志》记载,那时有医经七家,共216卷,医方十一家,共274卷,包括秦代保留下来的先秦医药书及秦汉之际的作品。到了汉代则集先秦医药学之大成。

汉代时候,除了涌现大量医方外,还有人编著成了系统的本草学著作,其中最著名的是《本草经》。"本草"二字最早见于《汉书》。《汉书·郊祀志》曾提到汉成帝建始二年(公元前31年)"诏罢……候神方士使者付佐、本草待诏七十余人皆归家"。这说明"本草"这一名称在公元前1世纪或稍前就已出现了,仅被汉成帝一次召见的本草学家就有70余人。

顾名思义,"本草"是以植物性药物为主的生药学,但本草书中也还有不少动物性和矿物性的药物。《本草经》就是总结了前代人药物学知识由集体编成的一部系统的专著。

它的成书历程持续很长的时间,中间不断地被丰富与增补,最后完成大约是在公元前后 100 年间,其中载有药物 365 种,其中植物药 252 种,药 46 种,是现在所知的最早的本草学专著。在《本草经》记录的内容中,矿物药中有铁、石硫黄、汞、代赭石(赤铁矿)、铅丹、消石、石灰、磁石、石胆、蓬砂、矾(樊)石、朴消、云母、紫石英等,在动物性药中有阿胶、麝香、牛黄等,植物性药中有五味子、干漆、附子(含乌头碱)、紫草(含紫染料)等。此书曾一度散失,现传本是从一些古书中辑录下来的,大体上保持了原书的基本面目。其所以称之为"经",就是因为它和《内经》一样,是我国医药学的经典著作。在此后的 2000 多年来,在《本草经》的基础上,先后在我国出现了 100 多种本草学著作,形成中国药物学的一股巨流。

《本草经》中对一些元素及其化合物的化学变化和性质作过一些正确的叙述。例如,书中指出"丹砂……能化为汞",就是说丹砂(HgS)在加热时能分解成汞。又说"水银……主疗疥痂白秃……杀金银铜锡毒。熔化还原为丹",说的是汞能和一些金属生成汞齐,当将汞加热后能起缓慢氧化作用生成氧化汞。这里提到用水银治疗疥疮,是个有价值的临床经验,比其他国家都早。书中还提到"空青……能化铜铁(铅)锡作金","曾青……能化金铜","石胆……能化铁为铜",这都讲的是化学上的置换反应。石胆、空青、曾青这些铜盐溶液遇铁后,能发生置换,产生出金属铜。后来的水法冶金技术就是在这个基础上发展起来的。

《本草经》的这些记载,与西汉的《淮南万毕术》有关"曾青得铁则化为铜"之说相符。在两千年前就有这样的记载,是世界上少见的。又如书中还指出"朴消……能化72种石"。按朴消在较高温度下确能熔融很多硅酸盐岩石,故有"能化72种石"之说。此外,书中还提到"葡萄……能作酒",这是我国酿造葡萄酒的一条重要史料。显然,《本草经》里的这些化学知识,是与当时手工业生产和自然科学的发展有密切关系的。

近年发掘的长沙马王堆三号汉墓是汉文帝十二年(公元前168年)埋葬的,其中保存的医经方有一万多字,马王堆一号汉墓则保存着不少中草药,河北满城发掘的汉中山靖王刘胜(卒于公元前113年)墓中,更保存一批制造精致的医药器具,如"医工"铜盆、铜滤药器、银灌药器、铜药勺等。

特别是1972年从甘肃武威发掘出的东汉早期(公元1世纪)的医药简牍,是我国医药史上的空前发现。其中列举了一百种药物,植物药63种,动物药12种,矿物药16种,其他9种。在矿物药中包括丹砂、消石、曾青、樊(矾)石、代赭、戎盐,矾石、雄黄等。对这些药物的炮制、剂型及用药方法,都有较详细的记载。这些实物的出土,反映了汉代药物学已达到相当高的水平。

继《本草经》之后,南北朝(6世纪初)时的《本草经集注》是另一部重要本草专著。此书是合《本草经》与陶弘景的《名医别录》两书加了注释而成的。书中载药达730种,首先把无机药物列入"玉石部"中,所载化学知识较先前更为丰富。例如,《本草经》只简单地指出石灰在山谷里,此书则详述为"近山生石,青白色,作灶烧烬,以水沃之,则热蒸而解"。更可注意者,书中根据煅烧时是否发生紫青色焰来鉴别消石之真伪,与后世火焰分析所用的原理多相映合。

在唐代,本草学获得进一步发展。公元659年(唐代宗显庆四年)由政府颁布的《新修本草》(也叫《唐本草》),是世界上现存最早的一部药典,由集体写作而成,载药844种,并附有图谱。在其对109种无机药的陈述中,包括不少新的化学内容。例如,书中说硇砂除作药用外,还可作金属焊接剂,即所谓"汗药"。又指出把光明盐(一种食盐)、硇砂和赤铜屑混合起来长期放置,可以制得绿色的铜盐。按此三物混合时长期受空气和二氧化碳的作用,可以生成绿色的含结晶水的氯化铜。书中又载有制银屑法,是把银片与水银先制成汞齐,再合硝石及盐,研为粉,更烧去水银,洗去盐分,就成极细的银粉了。

到了两宋时代,封建经济又有相当大的发展,农业、矿冶和日用品手工业都较前代发达。造纸术和印刷术的发展,又为科学文化的传播提供了物质条件,因此宋代本草学也取得超越前代的成就。宋哲宗元祐年间(公元 1086～1093 年)医药学家唐慎微等人编成《证类本草》一书。当此书成为宋政府颁布的药典后,大观二年(1108 年)改称《大观本草》。后在政和年间又经修补,即成今传本。现存本书最早的刻本是金代泰和年(1204 年)刻本。本书载药增至 1746 种,包括无机药 253 种。新增的无机药中,值得注意的是水银粉等,关于无名异(软锰矿)、不灰木(石棉)、草节铅(方铅矿)、密佗僧等的性质以及绿矾石的鉴别法方面,都有不少无机化学知识,其中鉴别绿矾石是用加热后分解并氧化成赤色的氧化铁,可以说是一种初步的定性分析方法。

本草学到了明代,进入到一个新的发展阶段。著名医药学家李时珍(公元 1518—1592 年)的巨著《本草纲目》(1596 年),对我国古代本草学作了一次历史性总结。作者是在贫苦环境中长大的民间医生,对封建社会下苦难的劳动人民的疾苦有较深的体会,因而抛弃科举入仕的道路,长期深入民间向广大劳动群众学习,到深山老林采集药材,开辟药园栽培药物,经许多年刻苦钻研,终于写成《本草纲目》,把我国本草学推向了一个新的高峰。

《本草纲目》载药 1892 种,其中无机药竟达 266 种之多,在化学知识水平上较前大有提高。在这之前,无机药一直列入"玉石部",从李氏起,才按当时的化学知识开创性地将其归纳为四部七类:即火部、水部、土部和金石部,金石部下又有金、石、玉、卤四类。水部有各种液体及溶液 43 种。土部有各种土质及煅烧过的泥土共 61 种。金类包括一些金属及金属制品、合金及金属化合物,共 28 种。玉类有 14 种,主要是较纯的硅酸盐化合物。石类有 72 种,包括硅酸盐、不溶于水的其他天然盐类。卤类有 20 种,大部分是能溶于水的天然盐类。这种分类法比起先前笼统地归为一类的分类法,显然是一大进步。

关于无机药的记载中,值得注意的是出现了一些较为复杂的人造无机药物,如轻粉、黄矾等。

《本草纲目》还消除了先前存在的一物数名,和某些混合物因外形而被视为不同种类的现象。对前人已有记载的药物,书中也都加上作者据自己的观察和实验而得出的新见解。例如,在"金"的条目下,李时珍记录了金银合金、金铜合金的性质和用"试金石"鉴定合金中含金量的划痕试验法。

书中所载的无机药物性质及制备法,比起先前的记载更为详细而精密。如前所述的轻粉制法,《本草纲目》除介绍了前人已记载的皂矾法外,还新介绍了白矾法,即加热白矾、金属汞及食盐的混合物使生成氯化亚汞的方法,其中详述了原料用量、反应时间等。对硇砂等药的性质也作了更正确的说明。看来这些都是经过作者实验后而写出的。总之,李时珍把在他以前本草学中的化学知识予以系统化,并使之达到一个新的认识水平。此外,他在植物学、动物学、矿物学等方面也都作出了新的贡献。

李时珍在研究工作中,虽博览群书,但并没有成为书本的奴隶,而是注重实践。对前人见解持冷静批判的态度。例如,他研究了古代炼丹术著作,吸取了其中关于药物性质及制法的有价值的部分,同时也严正批判了炼丹术的虚伪性。捍卫了本草学的科学传统。《本草纲目》问世后,很快就在中国流传起来,先后在国内被多次再版,受到广大读者欢迎,也成为许多本草学家的研究对象。同时,此书在十七、十八世纪时还传播到了日本、朝鲜和欧洲各国,引起外国学者的推崇,先后被译成日文、法文、德文、英文等多种外国译本,至今仍是一部有重大学术价值的古代科学文献。李时珍的科学业绩也受到各国学术界的高度评价与赞许。

我国古代的制陶技术

(一)制陶技术的起源和发展

中国是世界著名的文明古国之一。中国人民在世界科学史上和文化史上,都曾写下过光辉灿烂的篇章,其中陶瓷的制作工艺及其发展,更是绚丽多彩,鲜艳夺目的一页。

化学发展概述

在旧石器时代,中国古人们只能对木、石、骨等天然材料进行加工,将其制作成器具。当古人们经过长期的观察和实践后,把黏土用水湿润,塑制成型,再经高温焙烧,使之成为胎体坚固的器具,这样便产生了陶器。陶器的出现,标志着新石器时代的开端。陶器的发明,也大大改善了人类的生活条件,在人类发展史上开辟了新纪元。

陶器究竟是怎样发明的,目前还缺乏可靠的材料予以详尽地说明。但可以明确的一点是,陶器的产生是和农业经济的发展联系在一起的,一般是先有了农业,然后才出现了陶器。在人类进入新石时代,由于农业和牧畜业的出现,开始了定居、半定居的生活。特别是农业的发生和发展,为人类提供了比较可靠而稳定的可供食用的谷物。谷物都是颗粒状的淀粉物质,不像野兽的肉体便于在火上烧烤。同时,剩余的食物需要储藏起来。正因为如此,随着农业经济的发展和定居生活的需要,人们对于烹调、盛放和储存食物及汲水器皿的需要越来越迫切。从而促使人们在生活实践中,创造出与人类生活息息相关的陶器。陶器的产生和发展,是中国劳动人民几千年来在生产斗争中辛勤劳动的结果。从民族学和考古学上都可以得到充分的物证。

中国最早的陶器出现于何时呢?中国古代有着"黄帝以宁封为陶正"(黄帝命宁封为制陶的官)、"舜陶于水滨"(舜在水滨制陶)等传说。然而,从近几十年考古发掘的情况来看,目前发现的最早陶器实物,要比传说中的"黄帝"时代早上三四千年。约在 8000～9000 千年以前新石器时代开始出现,几千年来一直是人类的主要生活用具。这时的陶器由于烧造工艺的不同,还出现了红陶、灰陶和黑陶等不同品种的陶器。与此同时,人们为防止陶器经火烧或水浸泡断裂,而在泥土中加入沙子,烧制成泥质夹砂灰陶和夹砂红陶。此类陶器多用于烹调器、汲水器和大型容器。故又有泥质陶和夹砂陶之分。

陶器的出现,给人类的生活带来很大的变化,具有重要的意义,陶制的纺轮、弹子及陶刀之类的工具,也陆续在生产中发挥作用。因此陶器迅速成为生活必需品,受到了应有的重视,于是制陶业很快发展成为新石器时代一项重要的手工业。

考古发掘充分表明,在我国新石器时代一开始,许多地区就开始了陶器的制作,这从原始母系氏族社会、原始父系氏族社会和奴隶社会的出土古文化遗址中得到明证。

仰韶文化距今约五六千年,彩陶是仰韶文化的主要特征,根据 ^{14}C 测定,年代距今约 7000～5000 年。这时期的陶器以红陶为主,灰陶、黑陶次之,红陶分细泥红陶和夹红陶两种,主要原料是黏土,有些器皿根据其用途不同而掺杂少量砂粒。陶器皿种类主要有盆、罐、钵和小口尖底瓶等,质地有泥质陶和夹砂陶。如炊饪器,原料中往往有意识地掺杂少量的砂粒,以便改变陶土的成型性能和成品的耐热急变性能,砂粒的这些作用,相当于现代陶瓷工业中使用的"熟料",这说明当时对原料性能已有相当认识。

龙山文化,据 ^{14}C 测定,年代距今约 3800～4300 年,黑陶是最具代表性的器物,尤以"蛋壳黑陶"最为精美。这种艺术的珍品是用细泥黏土经过精细加工烧造的。在陶坯成形后半干时,用细石打磨,显出光泽。在将烧成时,用泥封闭窑顶和窑门,并在窑顶上徐徐加水,使它渗入火膛,导致产生乌黑的浓烟,把陶器熏黑。这种黑陶使用时间越长,因手的按摩,表面越显光亮。在陶窑方面,对仰韶文化的横穴窑进行了改进,加深了火膛,缩小了火口,使空气更充足,有助于提高窑温。窑室呈圆形,可使温度均匀,窑壁上部向内作弧形收缩,便于封窑。

同时,龙山文化晚期还出现用高岭土烧制的白陶,为后来原始瓷器的发明奠定了基础。

龙山文化之后,随着原始公社制度的进一步解体,逐步过渡到奴隶社会。到了商代(公元前 1711—前 1066 年),由于青铜器的兴起,青铜器的制作成就辉煌。从商周到春秋战国的 1000 余年中,陶器的重要地位逐渐为青铜器所替代。作为国家权力和贵族财富、地位象征的青铜器,已成为国事活动和上层社会不可或缺的重器。但在日常生活中,陶器却应用得更为广泛了。不仅数量增多,质量也有所提高,新的器形不断涌现。这时的陶器以灰陶为主,当时已有专门烧制泥质灰陶和专门烧制泥质夹砂灰陶的不同作坊,陶器的形制、纹饰、彩绘往往模仿青铜器,其精美可以与青铜器媲美,连王侯贵族也乐于使用。但到后期,白陶和印纹硬陶有很大发展,尤以白陶最为精美,纹饰采用青铜器的艺术特点,装饰华丽,弥足珍贵。同时,还出现了用高岭土作胎施青色釉的原始瓷器。

釉陶的产生是制陶工艺的又一个大进步。釉陶的产生与印纹硬陶的出现有着密切的关系。出土的商代釉陶,质地坚硬,敲击时有铿锵之声。到了商代中、后期,施釉的陶器明显增多,表明人们已从无意识地发现釉料发展到有意识地配制釉料。对出土的商用周釉陶的釉进行分析,证明当时使用的釉是石灰釉。釉的发明是制陶工艺的一项重大成就,是发展成瓷器的重要一步。商代的石灰釉就是后世青瓷釉的鼻祖。随着实践,人们对釉的认识不断深化,后来便进而掌握了瓷器、琉璃的生产。

商代已出现原始瓷器了。1952年在郑州二里岗出土的商代中期的印纹瓷罐肩片和瓷尊,就属于这类原始瓷器,在前几年新发现的湖北黄陂盘龙城、河北藁城、江西吴城等商代遗址中,也出土了大批的原始瓷器。

秦代陶器的品种繁多,大多仿自铜器的造型。最惹人注目的是兵马俑,被誉为世界奇观。个个形体高大,和真人真马大小相似,形象生动而传神。

汉陶俑的制作也极为艺术化,出土的说书人俑神形皆备,令人叹服。汉代的砖瓦艺术也达到了相当高的程度,其画面精细,内容丰富,极富时代气息,多侧面地反映了当时的社会生活和风土人情。

三国两晋南北朝时期的陶器,由于瓷器在日常生活中的广泛使用,逐渐不为人们所重视,所以制陶业呈现衰落局面。

在南北朝的陶塑艺术基础上,唐代三彩陶俑的出现,更是将陶塑艺术推向了一个高峰。无论是造型、施彩或是制作都达到了相当高度,为后世所不及。

紫砂陶产生于宋,盛行于明中叶以后,一直为人们所喜爱,至今仍长盛不衰。特别是紫砂陶优良的质地,美观古朴典雅的色泽,更是令古代文人雅士们倾倒,于是紫砂陶茶具上诗、书、画、篆刻一应俱全,成为我国茶文化的一个组成部分。古朴高雅的紫砂陶历来为藏家所珍爱,成了文物中一个独特的品种。

(二)制瓷技术的起源与发展

在英文中,"China"不仅代表中国,而且也是瓷器的意思,"中国"是"瓷器"的同义词。这是因为瓷器是中国古代伟大的发明,古代西方的瓷器和以后的制造技术都是从中国"批发"去的。欧洲人面对玲珑剔透的瓷器,爱不释手,因为它来自中国,便用"中国"作为瓷器的代名词了。

中国瓷器的发明,大约有 3000 多年的历史了。它的发明是在制陶技术不断发展和提高的基础上产生的。瓷器的前身是粗瓷,远在秦汉时就能生产。到三国时期,青瓷作为瓷器的代表诞生了。它的制作过程是先将高岭土做成瓷坯,在"坯骨"中掺入酸性氧化物,在鼓风装置吹动下经 1000℃的高温煅烧,使瓷坯玻璃化。经煅烧后瓷坯便成为不吸水、玲珑可爱的瓷器。

1953 年以来,我国考古工作者在河南、安徽、江苏、浙江、新疆和陕西等地,先后发现了许多商、周时期的带釉窑器,品种很多。由于这些敷釉器皿质地坚硬,表面光滑,轻轻敲打能发出清脆的响声,又由于其外观和骨胎成分等方面,具有陶与瓷的特点,所以人们称它们是"原始青瓷"或"原始瓷器"。可以认为,从新石器时代晚期到商代,中国出现的用瓷土作原料,经 1000℃以上高温烧成的刻纹白陶和印纹硬陶,都是原始瓷器出现的基础。

1924 年,在河南信阳擂鼓台,发现了汉和帝永元十一年(公元 99 年)的早期青瓷,近年来,又在浙江上虞一带出土了东汉后期的青瓷。解放后,从遍及南北的墓葬中,出土了许多东汉、三国、两晋时代的青瓷器皿。从这些出土的青瓷来看,由于普遍地采用了优质的矿物原料作为坯体,胎质坚硬,不吸水,而且釉层厚,釉色深,光泽好,反映了东汉以来至魏晋时制瓷的高度水平。

为了研究青瓷的发明和发展情况,有关科研机关对两汉、三国的一些样品组作了分析化验,结果发现许多青瓷器坯体不仅由高岭土一类原料制成,而且在胎骨中酸性氧化物二氧化硅相对地增加了,碱性氧化物氧化钙、氧化镁、氧化钠等都相对地减少,这种情况导致青瓷烧成温度不断提高,达到 1000℃以上。在这样高温下烧成的青瓷器,其胎骨的玻化程度高,而且坚硬变形少,加上坯料加工精细,大砂粒和其他杂质基本上除去,同时其表面施有一层青色玻璃质釉,所以成品美观而不吸水。这种制瓷技术的高水平,标志着中国瓷器生产已进入一个新的时代。

瓷器所以引人注目,很重要一个原因,就是其坯体施有一种或几种颜色的釉药。中国早在商代就发明了釉,而首先被烧造出来的是青釉,即石灰釉。它以氧化钙为助熔剂。它是我国传统的瓷釉,沿用了几千年,形成中国瓷釉的独特风格。另一种釉是铅釉,它以氧化铅为助熔剂。铁、铜、锰、钴等金属元素起呈色作用。

汉代多色釉,就是铅釉中含有铁、铜呈色元素所引起的结果。仅就铁的呈色原理来说,铁的氧化物有两种:一种是氧化亚铁,使釉呈绿色;一种是三氧化铁,使釉呈黑褐色或赤色。釉中的铁如用还原焰烧炼,就能变成氧化亚铁;如用氧化焰烧炼,就能变成三氧化铁。唐代的越窑烧炼的千峰翠色瓷,就是由工人凭经验掌握铁的变化过程而制造的。在这种传统的技术经验基础上,通过不断实践,中国后世制作青瓷的技术更加提高,产品也更加精妙了。

在釉药的发明和发展过程中,中国古代的玻璃制造技术也得到了发展。1976年在陕西省宝鸡茹家庄地区发掘出的西周都市遗址中,发现四种不同形式的玻璃扁珠和绿色玻璃管状项链。在这以前,也曾从金村、长沙、辉县等地战国墓葬中,出土过一批白色、翠绿色、暗绿色的玻璃制品,色泽美观,大都半透明,据分析,它们大多是含铅量较高的铅玻璃,可见,中国古代的玻璃制造技术同铅釉的发明和发展是密切相关的,历史渊源也是由来已久的。

中国白釉瓷器萌芽于南北朝,发展于隋朝。到了唐代,河北内丘县邢窑的白瓷,已经发展为青、白两大瓷系的主流。当时著名的瓷窑除邢窑之外,还有江西景德镇和四川大邑窑。1958年在江西景德镇梅亭出土的唐代白碗,据研究,白瓷胎含氧化钙较多,烧成温度已经达到1200℃,瓷的白度也达到了70%以上,接近现代高级细瓷的标准。这一成就的深远意义在于为釉下彩(包括青花瓷器)和釉上彩瓷器的发展打了基础。

宋代瓷器,在胎质、釉彩和制作技术等方面,又有了新的提高,是我国瓷业发展上的一个重要阶段,是烧瓷技术达到完全成熟的时期。在工艺技术上,对于选土、粉碎、淘洗、炼泥、配料、制胎、施釉、管火等都有明确的分工。这种生产的分工,既标志着瓷业的新发展,也促进了专门技术水平的提高。在宋代制瓷技术中,在河南禹县钧窑发现了窑变现象。釉中所含各种呈色元素铁、铜等,在窑中烧制时,由于火焰的性质和温度的高低的不同,所成的釉就具有各种不同的颜色,五光十色,光彩夺目,突破了以往青、白瓷的单纯色调。

如果说瓷胎原料和釉药配制是影响瓷器质量优劣的重要因素,那么古代瓷窑结构也同样是非常重要的。据考古资料,中国战国初期的窑型结构,已比商、周时期更为进步。

宋窑结构的革新,也很难得重视,就北宋龙泉窑而论,它是龙式窑,依山而建,窑腔庞大,一窑可置墩170多排,每排可容1300百多件,估计一次可烧成瓷器2万~2.5万件。窑中部作弧形,可降低火焰流速,窑温可充分利用,窑温均匀稳定,使成品釉色一致,老嫩差异很小。当时由于北方烧瓷也由烧柴的直火窑,改进为烧炭的倒火焰式窑,因此也大大提高了产品质量。宋代龙窑结构的废热利用,比欧洲霍甫曼式窑的废热调节火候法还要早1000多年。

元代时北方有以铜呈色,彩泽别致的釉里红瓷器。对此,景德镇工人又加以提高,制造成功了一种以钴土矿作颜料的釉下彩青花瓷器。这一烧瓷技术成就,既继承了宋瓷的优良传统。又为明代烧瓷技术的高水平发展,打下了基础。

明代的烧瓷技术，较之前代又有较大的进步。其突出表现是精制白釉的烧制成功。这种细腻莹澈白釉由于所含氧化铅和二氧化硅的成分特别高，并适量增加了氧化钾的含量，所以瓷釉透亮明快，纯白如奶。白釉质量的提高，为单色釉和彩釉的发展提供了优越条件。

烧瓷条件的另一个成就是彩瓷的出现。"彩瓷"一般分为"釉上彩"与"釉下彩"两大类。在胎胚上先画好花鸟图案，再上釉后入窑烧炼的彩瓷，叫作"釉下彩"；在上釉后入窑烧成好了的瓷器上再加以彩绘，又经炉火烘烧而成的彩瓷，叫作做"釉上彩"。

我国著名的青花瓷器就是釉下彩瓷的一种。青花瓷器是一种白地蓝花的作品，是明代瓷器生产中的主流品种之一。明代制瓷的另一项重要成就，就是以铜为呈色剂的单色釉瓷器获得了很大的成功。

明代瓷器丰富多彩，就单色釉瓷而言，永乐有鲜红、翠青；宣德有宝石红；弘治有娇黄；正德有孔雀丝、回青；嘉靖有孔雀蓝，其中鲜红、宝石红等铜红釉成品格外优异。明代瓷器加彩方法的多样化，标志着中国造瓷技术的高度水平。

如成化年间的"斗彩"、嘉靖、万历年间的"五彩"，就是著名的珍品。所谓"斗彩"，就是在烧成青花瓷器上加红、黄、绿、紫等彩料后，再经炉火烧炼而成的。所谓"五彩"，实际上不一定是五种颜色,而是包括红彩在内的多彩瓷器,在故宫博物院和中国历史博物馆都藏有这种优美的瓷器。

清代的瓷器,是在明代取得卓越成就的基础上进一步发展起来的。因此,造瓷技术达到了辉煌的境界。

在单色釉方面,康熙时烧制的天蓝、翠青、碧青、苹果绿、娇黄、粉黄、吹绿、吹红等,雍正时烧成的胭脂水、油绿、天青等釉,以及乾隆时的各种宋釉五彩……都美艳可爱。在红釉方面,康熙窑的鲜红、郎窑红,乾隆窑仿宣德的霁红以及鲜红矾红、釉里红等,都是继承并发展了明代造瓷技术,取得了新的成果。

在彩瓷方面,康熙时的素三彩、五彩,雍正、乾隆时的粉彩、珐琅彩,都是闻名中外的,"粉彩"即在含铅的彩料中,掺入一种含砷的玻璃料,从而产生乳白色的效果,材料的颜色会变成带粉白色。例如,原来是红色的彩料变成了粉红,绿色变成粉绿……于是所有的颜色都能粉化成不同深浅的色调,色调范围扩大了,经过细致描画,层次深浅分明,这样的釉上彩艺术效果更为突出。珐琅彩也是用粉彩的手法而制造的,瓷胎画珐琅,它和粉彩瓷器在胎质、形态、款式、风格等方面,都是精妙的。

为了减少瓷胎的变形,清代采用过量的高岭土配比作胎的技术,根据物理性能测定,由于原料淘洗加工极为精细,石英颗粒比前代细小,而且分布均匀。在烧炼温度适当而又稳定,并且能够控制烧炼时间的条件下,瓷胎中有一种外国人叫"莫来石"的含铝硅酸盐晶体发育很好,所以瓷器白度和透光性很好。

瓷器这种工艺化学产品,在世界上以我国发明最早。远在唐代我国的瓷器、茶叶和丝绸大量地经过海上和"丝绸之路"运销国外,此后历代都有瓷器向国外销售。在五代时传到了朝鲜,南宋时期,日本人加藤四郎、左卫门竟正曾到福建学习造瓷,并在回国后建窑,成功地烧制了黑釉等瓷器。11世纪,我国造瓷技术传到了波斯,后来又传到了阿拉伯、印度、波斯,甚至埃及和地中海沿岸各国。1470年又传播到意大利的威尼斯,欧洲才开始生产瓷器。

我国古代的金属使用

在新石器时代晚期,人类已开始加工和使用金属,最先使用的金属是红铜,即未经有意加入其他金属的"纯铜"。

红铜起初多来源于天然铜,在石器作为主要工具的时代,人们在拣取石器材料,偶尔遇到天然铜,发现它的性质与石料完全不同,它不像石料那样极易劈裂剥落,而可锤延,能发出灿烂的光泽。人们将它加工成装饰品和小器皿。这可能是早期取得和使用红铜的状况。仅采用锤敲打击的加工方法,叫作冷锻法,这还不是冶炼,但是当人们有了长期用火,特别是制陶的丰富经验后,为铜的冶铸准备了必要的条件,例如冶铸所需的高温技术、耐火材料、造型材料等。有了这些条件,人们不难将红铜重新熔化,再倒入特制的容器,冷凝后就得到各种所需形状的器物。熔铸技术被掌握后,人们便更有效地利用红铜了。红铜可延可展,锤打不破,任意赋形,使用久后还可重新改铸,这些优点——金属的基本性能,石器是无法相比的。

但红铜硬度低,不如燧石坚利,产地有限,产量很少。所以红铜虽有上述长处,但仍不能取代石器作为主要的生产工具,对社会的经济面貌和生产能力的影响不大。这一时期也是通称的金石并用时代。

在西南亚地区、埃及和我国,都在公元前五千年左右进入这一时代。在当时,西南亚和埃及地区的民族已使用红铜,在一段长时间里,铜只有作装饰品和简单的工具,说明这些民族已掌握了铜的熔铸技术。拉丁美洲的古代印第安人虽发展较晚,却是独立地发明了自己的冶金技术。

考古发掘提供了充分的材料证明,在我国新石器时代晚期确有一个铜石并用时期。当时人们使用铜,并掌握了铜的冷锻和熔铸,较有说服力的例证是 1957 年、1959 年两次在甘肃武威县皇娘娘台属于新石器晚期遗址(距今 4000 年)的发掘。在出土文物中,先后获得铜器二十多件。有铜刀、铜锥、铜凿和铜环等工具及装饰品。它们多数是锤锻而成的,少数铜刀是用单范熔铸制出来,这表明制法还很原始,经有关单位进行光谱分析,说明这批铜器所含铜的纯度相当高。当不久我国又进而用电子探针检验,发现其中除锡外,还含有铁、砷,其含量超过它们的自然铜中的一般含量,因此有可能是人工冶炼出的红铜。

在同一时期的其他一些文化遗址中,也发现类似的含锡、铅、锌等元素的小件铸造红铜器,总之,一系列实事都是说明在四千年前,我们的祖先不仅认识了金属铜,可以将天然存在的红铜锻打成器和熔铸成小件器物;而且可以冶炼红铜了。这是我国应用金属的开端。

(一)青铜时代

具有划时代意义的青铜冶炼铸造技术,是在红铜冶铸的基础上发展起来的。中国是世界上铁器和青铜器发明最早的地区之一。中国青铜时代和早期铁器时代的青铜艺术品,显示了绵延1500多年中国青铜器的萌生、发展和变化的历史。

人类在石器时代是单纯以岩石为原料制成工具去改造自然。青铜冶铸业的出现,表明人类能够从矿石中提取金属,再用它去制造工具,用于改造自然。这是生产力发展到一个新阶段的标志,也是科学技术进步的一个重要标志。青铜业的发展,又促使百工的出现,并带动各个行业一起兴盛起来。商代社会,正是由于青铜业的发展,才创造了灿烂的青铜文明。

青铜是古代劳动人民有意识地将铜与锡或铅配合而熔铸成的合金,因为以铜为主,颜色呈青,故名青铜,青铜作为合金,熔点较纯铜(红铜)低;就硬度来说,青铜较纯铜高。熔化的青铜在冷凝时的体积略有胀大,所以填充性较好,气孔也少,可见,比纯铜还有较好的铸造性能。这都使青铜在应用上具有更广泛的适应性,所以青铜的生产发展很快。青铜工具具有一些红铜工具所不能担任的功用,因此它逐步取代了一部分石器、木器、骨器和红铜器,而成为生产工具的重要组成部分。青铜生产工具的出现,在生产力的发展上起了划时代的作用。从此,虽然石器没有完全被淘汰,但石器时代终于被青铜时代所代替。

我国的青铜时代略相当于历史的夏、商、西周和春秋。这从许多文献,特别是大量的出土文物得到有力地证明。

在商前期的炼铜遗址中,从可辨认的铸范中,镢范为数不少,虽然青铜的生产工具在早期的随葬物中较少,但我们在出土的商初青铜器中,仍看到生产工具占相当比重,说明在商代的手工业中,青铜工具如斧、锯、凿、锥等已广泛使用,青铜兵器也日益增多,至于青铜农具,虽然奴隶主不会为奴隶们提供,但在当时,还有一部分作为自由民的农民都会拥有,历年出土的青铜农具有锄、铲等,这说明青铜的大量使用主要还是从事制作工具。青铜工具在生产中的效用,使青铜冶铸技术日益重要,因而能获得飞速的发展。

到了商代中期,这种技术已是相当成熟,大量出土的该时期的青铜器充分说明了这点,其中最引人注目的是1974年9月在郑州张寨南街出土的两件商代中前期的大铜鼎。其中一件重84.25公斤。另一件稍小一些,重62.25公斤。经分析,大鼎是用含17%铅和3.5%锡的青铜铸成的。这两个大方鼎是我国所发现的商代中前期青铜器中罕见的重器,它造型大方,制作精致,花纹朴实,表明那时我国劳动人民已熟练地掌握了熔炼青铜、精工制范和同时大量浇注等工艺技术,较商初冶铸水平已有显著提高。

商代晚期,青铜业进入了鼎盛时期。最能反映这个时期青铜冶铸技术水平的,是1939年在河南安阳出土的后母戊鼎。它是含4.77%铜、11.6%锡、2.79%铅的青铜铸成的,重达875公斤,带耳,高133厘米,横长110厘米,宽78厘米,它是我国到目前为止发掘出最大的青铜器,也是世界上最大的古青铜器,它造型瑰丽、浑厚,鼎外布满花纹。后母戊鼎的铸造,若没有规模巨大和相当高超的采矿、冶炼、制范、熔铸等技术,是不可想象的,它的铸造充分体现了我国古代劳动人民的高度智慧。

我国商周时代铁青铜古称"吉金"。其化学成分是锡、青铜和铅,如铜与锡的合金为锡青铜,铜与铅的合金为铅青铜,其他还有铅锡青铜,镍青铜等;在青铜器的加工方法上,奴隶们创造了青铜衔接技术和冷加工技术。到春秋中后期,还兴起了在青铜表面嵌入红铜薄片的技术和嵌入金银丝的金银手工艺,这一切又都显示了奴隶们的才干和智慧。

我国古代王朝遗留下来的青铜器,充分显示了东亚文明引人注目的特征,是人类冶金史上首次获得的无与伦比的成就。说明远古的中国人已经掌握了这个人工合成金属的潜力,创造了人类历史上最辉煌的青铜时代。

中国的青铜业,从采矿、冶炼到铸造,都具有许多特点,特别是用泥范铸器和商代工匠创造的分铸技术,都与外国不同。它走出了一条与西方青铜业发展不同的道路,并为人类留下了许多造型别致,工艺繁杂,又极为精美的青铜制品,成为人类文化宝库中极为宝贵的财富。所有这一切,都是中国古代先人为人类作出的杰出贡献。

(二)铁器时代

铁器时代是人类发展史中一个极为重要的时代。人类最早发现和使用的铁,是天空中落下来的陨铁。陨铁是铁和镍、钴等金属的混合物,含铁量较高。在很久以前,人们就曾用这种天然铁制作过刀刃和饰物,这是人类使用铁的最早情况。地球上的天然铁是少见的,所以铁的冶炼和铁器的制造经历了一个很长的时期。当人们在冶炼青铜的基础上逐渐掌握了冶炼铁的技术之后,铁器时代就到来了。

中国最早的关于使用铁制工具的文字记载,是《左传》

中的晋国铸铁鼎。在春秋时期,中国已经在农业、手工业生产上广泛使用铁器。

    铁在自然界分布极广,是地壳的重要组成元素之一。因为天然的纯铁在自然界几乎不存在,铁矿石的熔点也较高,又不易还原,所以人类利用铁较铜、锡、铅、金等还要晚些,在埃及、西南亚等一些文明古国所发现的最早的铁器,都是由陨铁加工而成的。1972年,在我国河北省藁城县台西村出土了一把商代铁刃青铜钺,其年代约在公元前14世纪前后,在青铜钺上嵌有铁刃,该铁刃就是将陨铁经加热锻打后,和钺体嵌锻在一起的。我国还曾出土过类似的铁刃铜钺和铁援铜戈各一把,年代相当于商末周初,铁的部分也是由陨铁加工成的。人们曾在西亚古苏美尔人所建的古乌尔城的古墓中,发现一把由陨铁制成的小斧,在古苏美尔人所建的古乌尔城的古墓中,发现一把由陨铁制成的小斧。在古苏美尔语中,铁叫作"安巴尔",意思是"天降之火",所谓天降之火就是陨石。埃及古人则干脆把铁叫作"天石"。可见人们最早认识铁是从陨石开始的。天降的陨石,数量很少,因此用陨铁制作的器具当然是很珍贵的,同时还带有神秘的色彩。用陨石作工具是很少的,所以在生产上,它没有什么明显的影响,但通过对陨石利用,毕竟使人们初步认识到铁。

    世界上许多民族都先后掌握了冶铁技术。居住在美尼亚山地的基兹温达部落在公元前 2000 年时,就发明了一种炼铁的有效方法,后来逐步传开了,小亚细亚的赫梯人在公元前 1400 年左右也已掌握了冶炼技术,两河流域北部的亚述人,在公元前 1300 年已进入铁器时代,铁制工具的大量出现,社会生产力的显著提高,从而对社会的发展产生巨大影响。

铁器坚硬、韧性高、锋利,胜过石器和青铜器。当人们能广泛用这种铁制造工具时,青铜工具才逐渐被取代。铁器的广泛使用,使人类的工具制造进入了一个全新的领域,生产力得到极大的提高。铁器的使用,导致了世界上一些民族从原始社会发展到奴隶社会,也推动了一些民族脱离了奴隶制的枷锁而进入了封建社会。

(三)对金、银的使用探源

金银在地球上存量较少,而且很分散,但它们在大自然界却有单体存在,所以也是人类发现和加以利用较早的两种金属。金闪亮发黄,银洁白而有光辉,它们不易被氧化,也不溶于一般的化学溶剂,具有较好的化学稳定性,古代的金器到现在已几千年了,仍是金光闪闪。银稳定性稍差点,银器在空气中放久了,表面会渐渐变暗、发黑。这是因为银虽不会直接与氧化合,但却怕硫化氢和臭氧的腐蚀。金银的比重都较大,但硬度不算高,用指甲就能在纯金上划出痕迹来。它们都具有极高的延展性。正因为具有这些性质,它们成为贵金属,在人类文明史上,成为财富的象征。

在我国古代,人们也很早就认识金和银了,黄金的淘洗加工技术在商代前就已产生,河北藁城的商代遗址中出土有金箔,河南辉县商代墓中,发现有金叶片。在殷墟中不仅出土有重一两多的金银,还有厚度仅 0.01 毫米的金箔,这种金箔是经锤锻加工而成的,能锤锻出这样薄的金箔,表明到商代,黄金的加工技术已有一定水平。在西周卫墓中,还曾出土了包在铜矛,矛柄和车衡两端的极薄金片。这说明当时已掌握包金技术,在春秋战国时期,人们还掌握了鎏金技术,这就是将金汞齐涂在铜器表面,再经烘烤,汞蒸发后,金就留在器物表面。这种技术说明人们已了解到金、汞及其合金的某些物理和化学的性质,并将它应用在工艺中。

(四)对锡、铅、汞的使用探源

锡、铅都是组成青铜的重要成分,也是人类较早利用的金属之一。锡是柔软的银白色金属,熔点 231℃。在自然界很少有游离状态的锡存在,它主要的矿石是分布在花岗岩上层的锡石(SnO_2);铅是既软又重的银白色金属,略带浅蓝色,熔点为 327℃。因为它们的熔点都较低,提炼它们并不难,只要将锡石与木炭放在一起烧,锡便会被还原析出。正因为这样,锡很早就被发现,铅的发现可能是由于早期铅锡不辨,铅砂与锡石往往一起冶炼了。所以这时期青铜器就分成铜锡、铜铅、铜锡铅三个系统,锡、铅的冶炼和加工技术那时是随着青铜冶铸技术的发展而发展的。

人们在实践中发现,锡也具有良好的延展性,可以展成极薄的薄片,而且在常温下,锡还不易被氧化,由于这些性能,所以有时锡被用来包裹器具。埃及、印度人很早就用锡来镀铜器,在我国,也曾从殷墟出土过数具虎面铜盔,其中有一具很完整,内部的红铜尚好,外面镀了一层很厚的锡。镀层精美,至今光耀如新,这说明当时的人们已认识到铜外镀锡,不仅美观,还可防腐蚀,并且已掌握了镀锡的技术。

铅的有些性质与锡不一样,铅在空气中,表面很快氧化,变成暗淡无光的灰黑色;铅和它的化合物都有毒,古人开始时不了解这点,后来人们在实践中发觉了这点,铅的使用范围逐渐缩小,一般只做用器,不再作饮食器。

在纪元前,古人还知道汞。汞是常温下呈液态的金属。汞的希腊文原意是"液态的银"。汞在我国俗名叫"水银",如水似银,形象地描绘了它的直观物理性质。在我国商代,人们已懂得利用汞的化合物来作药剂,医治癞疾。在自然界中,汞有时以游离态存在,形成银光闪闪的水银湖。更多的是以红色的硫化汞的形式存在。硫化汞在我国俗称为辰砂、朱砂。很早就被用作红色的颜料了。用硫化汞来提取汞的技术,人们很早就掌握,据《史记·秦始皇本纪》记载,在秦始皇的墓中就灌入了大量的水银以为"百川江河",而这些水银主要是从硫化汞提炼的。据说当时的马蜀妇女清因用硫化汞炼制水银而发财致富。由此可见,在这之前人们已熟悉由硫化汞炼汞的技术。

在古希腊,人们在公元前 700 年也开始采硫化汞以炼取汞,汞是极好的"金属溶剂",它能溶解包括金、银、铜、锡等金属而生成汞齐。在山西长治的战国墓中,曾出土镀金的车马饰物,当时人们镀金就是采用金汞齐。可见人们对汞的这种性质已有了认识和有所利用。汞能溶金、银,在当时的人们看来,真有点不可思议,而显得很神异所以汞和硫化汞后来成为炼丹的重要原料。

我国古代的酿酒技术

酿酒技术到底起源于何时,已不可考证,但据《孟子》上云:"禹恶旨酒。"可见在夏禹以前已知酿米制酒,当时的酒力甚微,都是低酒精成分的薄酒,善饮的人可喝五斗一石而不醉。到后魏时,才有烈酒的酿制,这在《齐民要术》书中可得知。

当原始社会末期,由于生产的发展,农业与手工业逐步分工,社会上逐渐形成贫富的阶段划分,一部分上层富有者就利用农业所提供的谷物酿酒作为一种享乐。到了奴隶社会,奴隶主常常驱使奴隶们用上好的谷物酿酒,供作宴饮或祭祀。大约 4000 年前,在我国原始氏族社会末期的龙山文化遗址中,就出土了大量陶制的酒器,说明这时已会酿酒。

在商、周时代,酿酒已成为奴隶主的风气,甲骨文中出现有许多"酒"字,地下出土的商、周青铜器及陶器中,有许多是盛酒或煮酒用的,如尊、卣、壶、爵、角、觚等,有的青铜器上还有关于用酒的铭文,都可作为奴隶主贵族酗酒的明证。《书经·说命篇》就曾记载了武丁的说法:"若作酒醴,尔唯麹蘖;若尔和羹,尔唯盐梅"。由此可见,那时酿酒运用了今天所用的酵母,古称"麹蘖","醴"是一种甜味的酒。

随着所用原料及酿造方法的不同,出现了各种不同类的酒。到周代,已有了"酒正""酒人"等专门掌管奴隶主阶段所用的各种酒曲和酒品的生产。《礼记·月令》中更记录了造酒时的六个必须注意的事项:"秫稻必齐,曲蘖必时,湛炽必洁,水泉必香,陶器必良,火齐必得"。作这段记载把造酒过程中的从原料选择到制曲、渍料、蒸煮、用水、掌握火候和挑选设备等重要关键点都指出来了,反映了古代劳动人民的酿酒过程中所积累起来的技术经验。这里特别应提出的是酒曲的制造。古代劳动人民通过长期实践,探索出来用某种微生物霉菌通过生物化学作用先使少量谷物发霉成"曲",再用曲使更多的谷物糖化和酒化而酿造出酒,这是个既经济又有效的方法。

在我国一些少数民族地区,也从很早以来就会酿各种酒类,例如新疆地区的葡萄酒早已闻名于内地。葡萄,古书中又作"蒲桃",至迟在西汉时就已在新疆等地种植,《本草经》中已把葡萄列为上品,指出它"可作酒"。《魏书·高昌传》谈到新疆地区特产时,就指出:"多蒲桃酒",魏遣使人中原时也常携带葡萄酒,为内地所欢迎。

在酿酒的同时,人们还利用发酵原理,从谷物中酿造出醋,供作调料,醋古代称"醯""酢"或"苦酒",在春秋、战国时的文献中已有所记载,如《周礼·天官》中的醯人,掌共五齐七菹,是管理酿醋的官员,比这成书更早的《论语》中有"或乞醯焉"之语,除酒、醋以外,酱及酱清(酱油)也是古代酿造工艺产品,供作食用,从前的史书中常把酿酒术的发明归之于某一个个人,如所谓"仪狄造酒""杜康作酒"等等,其实这项古老的化学工艺像其他古代工艺一样,从来就不是某一个人所能发明出来的,而是广大劳动人民在长期实践过程中发现的。

我国古代的染色技术

染色技术的渊源要远溯至人类远古的史迹。在类人猿时期,人类逐渐演变成人的阶段,感到严冬要抵御严寒,盛夏要遮阴避暑,逐渐的学会除了利用兽皮树叶之外,又采用了天然的织物纤维,用结编织等方法,于是有了布的雏形。同时可以想象得到,染色术亦是同一时代的产物。但这只是凭着臆测而已。因为纺织与染色是密不可分的。

传说我国在三黄五帝时代即有了服制,古代的玄衣、黄裳已证明了在当时已有初具规模的染色术。由此可知我国的染色术的起源至少在公元前三千年前。我国先人们为人类作出的不逊贡献在美化服饰方面显得尤为突出。在染色的基础上,予以加工技巧的改良以及巧夺天工的思维方式,变化出各种染色加工门类,有绞染、蜡染、型染、糊染、绘染、绢印等等。随着丝、麻纺织业的发展,种种纺织品的染色技术也相应发展起来,从考古发掘和甲骨文及其他古代文献中得知,在商代养蚕纺丝已相当发达,因此染丝技术也相应发展。在周代,染色已经明确分为煮、涑、暴、染几个步骤;"双五彩彰施于五色"(《书经·益稷》),用青、黄、赤、白、黑五色染丝帛制衣,以区分身份等级,而且有"染人""掌染丝帛"。

染色所用的原料,根据古文献所载,是经过化学加工再提炼出来的植物性染料,如蓝靛染蓝、茜草染绛等,这时大概已知道使用金属媒染剂,广大的奴隶们"终朝采蓝,不盈一襜"(《诗经·小雅》)。至秦、汉时,染色技术进一步发展,成为一个单独手工业部门。司马迁的《史记·货殖列传》曾记载了当时"千亩茜,其人与千户侯等",可见当时植物染料的种植的染色已相当发达。

中国古代提取蓝靛的技术在中世纪经中亚传入欧洲,

直到人造染料合成以前,始终是欧洲染色与印花的主要染料之一,在亚洲除中国外,印度用植物染料染色的技术也有悠久的历史,印度染料一度经波斯人及阿拉伯人从海路贩运到欧洲。

在埃及、巴比伦、波斯等古国,除了会酿酒以外,染色术也从很早开始了。这些国家在古代通过陆路与海路同东方各国开展了活跃的贸易活动,从东方输入了一些香料、丝绢、染料和象牙等商品,促进了各国相互之间的物质文化交流。

中国古代的制漆技术

漆的使用,远在新石器时代就开始了。大约在 7000 多年以前,中国古人就已经能制造漆器了。根据是 1978 年在浙江余姚河姆渡文化遗址中发现了朱漆木碗和朱漆筒,经过化学方法和光谱分析,其涂料为天然漆。七千岁的木碗,证实了我国是朱漆器艺术的发祥地,是中华民族灿烂文化艺苑中一朵奇葩。

我国在古代就已将桐油与漆合用。桐油是干性植物油,也能产生高聚物薄膜,将油与漆合用,是个技术创举。夏商周时期,漆器的应用有所发展。1973 年在河北台西村商代遗址发现了漆器残片。《史记》中也有豫州贡漆之说。

漆器手工业主要由官家经营,此后历代相袭,各朝均设官办作坊。

春秋战国时期的漆器制作,经过了一个从低级向高级发展的阶段。在战国时期,漆器业独领风骚,形成长达五个世纪的空前繁荣。漆器生产被国家列入重要的经济收入,并设专人管理。漆器生产工序复杂,品种又特别繁多,这时的漆器很昂贵,使新兴的诸侯不再热衷于青铜器,而把兴趣转向光亮洁净、易洗、体轻、隔热、耐腐、嵌饰彩绘五光十色的漆器,于是,漆器在一定程度上取代了青铜器。

秦汉漆器的生产技术有了很大的发展,汉代达到鼎盛时期,史书多有记载,出土文物亦不少。汉代漆器的生产组织严谨,出土的漆器铭文上记录下来的分工名称就有:素工,做漆胎灰底;髹工,在漆胎上涂漆;画工,在漆器上作画;上工,在漆器上进一步涂漆;铜扣黄涂工,在漆器的铜耳上鎏金;铜耳黄涂工,在漆器的铜耳上鎏金;清工,相当于现今的检验工,做最后修饰;造工,作坊主;漆工,专门制漆;供工,供应材料。可见分工之细密。

汉代漆器的装饰工艺有几种方法:一种是漆绘,用生漆制成半透明的漆液,加上各种颜料,绘描于已经涂漆的器物上,色泽光滑,不易脱落。一种是油彩,用油料调颜色,所绘花纹往往因油脂老化而脱落。一种是针刻,用针尖在已经涂漆的器物上刺刻花纹,然后在刺刻出来的线条内填入金彩,是我国最早出现的"戗金"漆器。还有一种用金银箔制成各种图样,贴在器物的漆面上,呈现出类似"金银平脱"的效果。此外,还发现有堆漆的作品。

到了唐代,制漆技术有了进一步的发展。唐代漆器工艺品类繁多,技艺精湛,并有许多创新。器物多做瓶、盘、碗、琴等生活器皿,以及箱、床等家具。制作向华美的方向发展。其中金银平脱、剔红(即雕漆)和螺钿镶嵌,在漆艺上已达到很高的水平,具有鲜明的时代特征。

宋代漆艺呈现大发展趋向,不仅设有漆器生产的专门管理机构,民间作坊也很普遍。戗金在宋代又有新发展,已有戗金、戗银的填彩之别,犀皮是宋代漆器的新品种,俗称虎皮漆或菠萝漆。宋代螺钿漆器也很发达,多在黑漆底上镶嵌白螺钿片。宋代漆器多朴素无华,以造型取胜,充分表现出器物的韵律美。

北京是古都,历史上文人荟萃,工匠云集,漆器文化十分发达,是我国历史上重要的漆器产区。

元代设有油漆局,掌管髹漆之工。元代漆器的主要品种有雕漆、戗金、螺钿镶嵌等。元代螺钿漆器的特点是螺片由厚变薄,开创了"软螺钿"的新工艺,因而更加丰富多彩。

明代漆器生产出现了一个新的兴盛时期。永乐年间皇室在果园厂(今西什库东)专门设立了官局制造漆器。据清代高士其《金鳌退食笔记》记载:"果园厂,在棂星门之西,明永乐年制漆器,以金银锡木为胎,有剔红、填漆二种。所制盘、盒、文具不一。填漆刻成花鸟,彩填稠漆,磨平如画,久而愈新。其盒制贵小,深者五色灵芝边,浅者回文戗金边。古色苍莹,器传绝少,故价数倍于剔红。二种皆称厂制,世甚珍重之,而不可多得。

清代设有"清宫内务府造办处",下设 42 作,其中设有"漆作"。漆器产品主要有车、船、轿、仪仗及皇室、贵族所用的日用家具和器具,也有各种装饰配件。

我国的漆器至迟在汉代就已流传到亚洲一些国家,十七、十八世纪又流传到欧洲。接着,制造漆器的技术也随之传到了国外。

火药的发明与应用

火药是中国古代炼丹家在炼丹过程中发明的。人类最早使用的火药是黑火药,它是我国劳动人民在一千多年前发明的。它的发明,闻名于世,被称为我国古代科技的四大发明之一,在化学史上占有重要的地位。

火药的最主要成分是作为氧化剂的硝石。成书于秦汉之际的《神农本草经》中已把硝石列为上品药,即在此之前已经具备了发明火药的物质基础。秦汉之际也是炼丹术开始盛行之时,方士们为了炼制仙丹妙药,把各类药物彼此配合烧炼。五金、八石（各种矿物药）、三黄（硫黄、雄黄、雌黄）、汞和硝石都是炼丹的常用药物。其中汞与三黄合炼而得丹砂是炼丹家们的得意之作。但若用硝石与三黄共炼必将燃烧爆炸，因此导致火药的发明。就在火药发明之后，也曾被引入药类，《本草纲目》中，说火药能治疮癣、杀虫、避湿气、瘟疫。更重要的原因是火药的发明来自制丹配药的实践中。

火药触火即燃，在较密闭的容器中，还会发生爆炸，其化学反应式近于：$2KNO_3 + 3C + S = N_2 + 3CO_2 + K_2S + 169$ 千卡，还有少许 CO、K_2CO_3、K_2SO_4，体积很小的火药，燃烧时产生大量的气体和热量，体积突然膨大，增至几千倍，因而在密闭的容器中，会爆炸，同时因产生 K_2S 等固体产物，并夹杂着未完全燃烧的炭末，所以能看到冒黑烟。

火药燃烧爆炸的原理，现在的人们不难理解，但在古代，这却一直是个谜，现在人们制取火药也很容易，民间流传的"一硝二磺三木炭"，就是火药的简易配方。这方法也不知历经了多少年代，劳动人民付出多少血汗，才摸索总结出来。火药的发明是我国古代劳动人民辛勤劳动的成果，它又是随着生产的发展、社会的进步而逐渐完善的。

火药的发明与炼丹分不开。我国的炼丹家早就接触过火药的原料——硝石、硫黄及木炭等物质。这些物质在混合过程中，稍不小心就会燃烧。古人对组成火药的三种主要成分的性质有个认识过程。

认识炭、使用炭较早。在商、周，人们已广泛用木炭来冶炼金属，明瞭炭是较木柴更好的燃料。伐薪烧炭，遂成农民的一种副业，硫黄有天然存在，但人们接触它，较早的是冶炼中逸出的二氧化硫和温泉中的硫。因为它直接地刺激人们的感官，就在这种接触中，逐渐认识硫的一些性能，除了了解它对某些皮肤病有特别的疗效外，还认识到硫的一些化学性质。特别是认识到硫与汞化合生成硫化汞，与天然品接近。这种性质很受从事炼丹的方士的器重，在他们妄图用汞炼制"金液""还丹"的过程中，常使用硫，在这种活动中，进一步了解到硫含有猛毒，着火易飞，很难"擒制"。

怎样使其药性缓和呢？人们采取了所谓的"伏火法"，即将硫与其他易燃物质混合加热或燃烧，使药性发生变化的方法，火药发明与这种硫黄伏火的实验有密切关系。硝的引入是制取火药的关键，古人掌握最早的硝，大概是年久的墙脚房根下的土硝，随着生活实践，人们认识了硝石，将硝石在赤炭上一试，即现火焰，其化学反应式约为：

$$4KNO_3 + 5C = 2K_2CO_3 + 3CO_2\uparrow + 2N_2\uparrow$$

在这个反应中，硝石是氧化剂，正因为硝石的化学性质很活泼，能与许多物质发生作用，所以在炼丹中，常用硝来改变其他药品的性质，就在使用硝石的过程中，人们还掌握了区别硝石与朴硝（Na_2SO_4）的方法，南北朝的陶弘景就指出："以火烧之,紫青烟起,云是真硝石也。"这与近代用焰色反应来鉴别 KNO_3 是相似的,人们的这点认识,为之后的大量采用硝石创造了条件。

对炭、硫、硝三种物质性能的认识,为火药的发明准备了条件。由于医药学和炼丹活动的发展,至迟在唐代,人们在使硫黄伏火的实验中,发现点燃硝石、硫黄、木炭的混合物,会发生异常剧烈的燃烧。在《朱家神品丹法》卷五中,转载有唐初医药兼炼丹家孙思邈的"伏硫黄法"。由此记载可见,那时孙思邈已掌握了硝、硫、炭混合点火会发生剧烈反应的特点,因而注意采取措施,将容器埋入地下,并控制反应速度,防范爆炸,这显然是经过反复实践的经验总结。

有记载,托名西晋郑思远所撰名为《真元妙道要略》的一本炼丹书里,就曾谈到:有人将硫黄、硝石、雄黄(As_2S_3)和蜜合起来一起烧,结果火焰升起,把脸和手烧坏,而且直冲屋顶,把房子也烧了。这类实验的多次进行,经验的不断积累,认识的逐步提高,使人们终于掌握了火药的配制。同类的实验在唐代中期的《铅汞甲辰至宝集成》卷二中也有记载,并且记载有关于失败的教训,也从而学会利用这种混合物的燃烧爆炸性能。

人们发明了火药,很快发挥了它的积极作用,特别是在军事上的运用和发展,对于促进社会的进步有着深远的意义。

在火药发明之前,古代军事家们常用火攻这一战术,在当时的火攻中,常使用一种武器叫作火箭,它是由箭头上附着易燃的油脂、松香、硫黄之类物质,烧着后射出,以延烧敌方。但这种火箭燃烧慢,火力小,容易扑灭,所以火药出现后,人们就用火药代替上述易燃物,制成的火箭,燃烧就猛烈多了,杀伤力也就大多了,这就是火药在军事上最初应用的形式。

唐朝末年,火药已开始用于军事目的,火药的配制也更趋科学化。用硝石(硝酸钾)75%、硫黄15%、炭粉10%就可制成威力强大的火药。据记载,唐末军阀李希烈采纳炼丹家意见,用火药加桐油为武器,击败了对方。由此看来,最晚在10世纪初火药已在军事上得到应用。

到了两宋时期(公元960—1279年),人民群众制造的各种火药武器发展很快,北宋初年开封设有"广备城作"(兵工厂),其中有专门生产火药的车间(火药窑子作)。它以火药为原料生产作战用的"烟球"、蒺藜火球和火炮等。火药配料除硝石、硫黄、炭粉外,还有油蜡、沥青、干漆、松香、黄丹、铅粉等。北宋政府为了对外作战的需要,曾派人到湖北的硝石产地,日夜开采,兼程运输。

火药应用于火药武器的最初形式,主要是利用火药的燃烧性能,随着火药武器的发展,逐步过渡到利用火药的爆炸性能。到了北宋末年,人们创造了"霹雳炮""震天雷"等爆炸性较强的武器。霹雳炮一炸,声如霹雳,杀伤力较大,公元 1126 年李纲就是霹雳炮击退金兵对开封的围攻。

震天雷是种铁火炮,它的外壳已不再上纸或布壳、皮壳,而是铁壳。铁壳的强度远较纸、皮为高,点燃火药后,蓄积在炮内的气体压力增大,爆炸时威力增强。《金史》中描述说:"火药发作,声如雷震,热力达半亩之上。人与牛皮皆碎迸无迹,甲铁皆透",火药性能利用的转化,标志着火药的成熟阶段已经到来。

在宋代,民族矛盾、阶级矛盾都十分尖锐,战争连绵不断。在这种形势下,火药和火药武器都有很快的发展,宋神宗熙宁年间,改革了军制,设置了军器监,总管京州诸师军器制造,据史料记载,当时军器监规模宏大,分工很细,雇佣工人曾达四万人之多,监下分火药作、青窑作、猛火油作、火作(生产火箭、火炮、火蒺藜等)等十个大作坊,生产火药居首位。由此可见火药、火药武器在当时军器中的地位。同时史书上还记载:"同日出弩火药箭七千支,弓火药箭一万支,蒺藜炮三千支、皮火炮二万支"。可见那时火药武器的生产规模就已相当宏大。

宋代多次爆发的大规模农民起义,也直接推动了火药武器的发展。许多起义军自行制造火药武器,并有很多创造。例如公元 1132 年出现的火枪,公元 1259 年创造的"突火枪",都是劳动人民在斗争中发明的。火枪、突火枪都是管形火器,它们较前述的火箭、火炮之类火器又有很大进步。火枪是由长竹竿做成,先把火药装在竹竿内,作战时把点燃的火药喷射出去。突火枪是用粗竹筒做的,筒内除装火药外,还装有"子窠",火药点燃后,产生了强大的气体压力,把"子窠"射出去。"子窠"就是原始的子弹,近代的枪炮就是由这种管性火器一步步发展起来的。所以管形火器的发明是武器史上又一大飞跃。

金打败北宋占领开封后,一举把北宋的"兵工厂"的设备和技术人员掳到北方,自行制作火药。后来,蒙古大量采用震天雷、轰天雷、大红衣等新式武器,长驱直入,势如破竹,攻克布拉格,占领莫斯科,打败欧洲各国联军,席卷东欧,一直打到多瑙河流域。当时蒙古人所用大炮是欧洲人见所未见的,在当时人的心目中就像今天的原子弹、氢弹那么厉害。

到了元、明,除了出现铁质或铜质的"火铳"外,还创造了利用喷气原理的火箭等,总之随着社会的发展,火药在各方面的应用继续在发展。

早在唐代,我国与阿拉伯、印度、波斯等国通过海上的贸易,往来很频繁。就在这时,硝随同医药和炼丹术,由我国传出。但他们仅知道用硝来炼金、治病和做玻璃。公元1260年,元世祖的军队在与叙利亚一站中被击溃,阿拉伯人缴获了包括火箭、毒火罐、火炮、震天雷在内的火药武器,从而掌握了火药的制造和使用,称之为"中国雪",用火药推动的弩箭也被称作"中国箭"。

西欧直到文艺复兴后,英国人才从阿拉伯人那里得到了火药的配方,比我国要落后数百年之久。但重要的是火药武器则主要是通过战争西传的。据史书记载,欧洲人则是在与阿拉伯国家的战争中,接触和学会了制造火药和火药武器,英、法各国直至 14 世纪中期,才有应用火药和火器的记载。

火药、火药武器传入欧洲,"不仅对作战方法本身,而且对统治和奴役的政治关系起了变革的作用",所以恩格斯明确地说:"火药和火器的采用,绝不是一种暴力行动,而是一种工业的,也就是经济的进步"。

火药和用火药制作的大炮,轰开了人类通向文明之路。

造纸术的发明与应用

造纸术与火药、指南针和印刷术,并称为我国古代科学技术的四大发明,纸的发明,对人类文化的发展和传播起了很大作用,是中国人民对世界科学文化发展所作出的卓越贡献。

纸,作为书写材料,并不是从来就有的。相传中国上古曾有过结绳记事的时代。那时,连文字也不曾有,更谈不上书写文字的纸张了。

　　商、周时代文字已经成熟，可还不曾有纸，我们的祖先就想出了各种记录文字的办法。他们起初是把文字镌刻在乌龟的腹甲和牛、羊等动物的胛骨上。刻在这些甲骨上的文字，叫作"甲骨文"；春秋战国以后，我们的祖先又开始使用新的记载文字的材料——简牍和缣帛。简牍是几种东西的总称。把竹子、木头劈成狭长的小片，再将表面刮削平滑，这种用作写字的狭长的竹片或木条叫作竹简或木简，较宽的竹片或木板叫作竹牍或木牍。简的长度不一样，有的三尺长，有的只有五寸。经书和法律，一般写在二尺四寸长的简上。写信的简长一尺，所以古人又把信称为"尺牍"。

　　我国最早的纸是用什么原料做成的呢？东汉的许慎在他编写的我国第一部条理清楚、体系分明的字典《说文解字》里谈到"纸"的字源时说，"纸从系旁。"这说明，早期的纸与丝有关。

　　我们的祖先很早就植桑养蚕，缫丝织绢了。商代以前就种桑养蚕，到西汉前期，丝织在社会经济中已占有重要的地位。当时，一般用较好的蚕茧抽丝织绸，用剩下的较差的茧子做丝绵。做丝绵时，先把茧子煮烂、洗净，然后放到浸没在水中的篾席上捶打，直到茧衣被捶得稀烂，接着把连成一片的丝绵取出，这就是漂絮。漂絮之后，篾席上还必然会有一层互相交织的乱丝贴着，漂絮的次数多了，当把篾席晾干后,它上面就附着一层由残絮形成的薄薄的丝片。人们把它剥下来,发现它同缣帛相近,可用作书写,古人称之为"赫蹏"。赫蹏的制作方法给了人们很大启发,是我国古代造纸术的重要开端。经过不断的摸索、试验,终于成功地发明了植物纤维纸。

植物纤维纸是在什么时候发明的呢?古籍上没有记载,但是在1933年,我国考古工作者在新疆罗布淖尔的汉代烽燧遗址中,发现了一片西汉宣帝时期的麻纸。1957年在陕西西安灞桥一座西汉墓葬里,发现了一沓麻纸,经揭剥分成80多片。因出土于灞桥,故称"灞桥纸"。其年代为公元前2世纪。这是目前发现最早的植物纤维纸。

伴随着生产的发展,社会的进步,我们的祖先不断地在寻找新的书写材料,最终发明了理想的书写材料,那就是纸。我国造纸术的发明,长时期以来一般都归功于东汉时的宦官蔡伦,这是因为《后汉书·蔡伦传》明确记载:"自古书契多编竹简,其用缣帛者谓之纸,缣贵而简重,并不便于人。伦乃造意,用树肤、麻头及蔽布、渔网以为纸。元兴元年奏上之。帝善其能,自是莫不以用焉,故天下咸称'蔡伦纸'。"

但比《后汉书》成书更早的《东观汉记·蔡伦传》中,则没有说明纸是蔡伦发明的。《汉记》的作者刘珍、延笃等人都是蔡伦的同时代人,在唐以前《东观汉记》一直被视为东汉的"正史"。其中只是说"蔡伦典尚方作纸",就是说当蔡伦任尚方令时曾主管尚方(宫廷御用的手工作坊)造纸。尽管《东观汉记》在宋代以后已散佚,但从隋、唐人的类书引语中仍可查得其原文。由此可见,"蔡伦发明造纸"的提法不是很确切的。

本世纪以来的考古发掘实践,也动摇了蔡伦发明纸的说法。首先是 1933 年,黄文弼先生在新疆罗布泊汉代烽燧遗址上发现了一片古纸,这是一片麻纸,长约 40 厘米,宽约 100 厘米,纸面可清晰见到麻,在同一遗址中还发现有汉元帝元年(公元前 48 年)的木简,因此,该纸当为西汉时期的文物,比"蔡伦造纸"的公元 105 年早了一个半世纪。

其后是 1957 年,在西安市东郊的灞桥再次出土了比新疆罗布泊的纸还要早约一个世纪的西汉初期的古纸,而且有数十张之多,经科技史专家潘吉星教授的研究和分析化验,确认此灞桥纸主要由大麻和少量苎麻的纤维所制成。因而是世界现存最早的植物纤维纸。1973～1974 年在甘肃省居延的肩水金关汉代遗址中,再一次出土了公元前一世纪时的麻纸。这些事实有力地说明了,早在西汉我国劳动人民就已经发明了造纸术。

以上事实有力地说明了,早在公元前 2 世纪的西汉初期,我国已发明了造纸术,而且当时造出的纸已经可以用于书写文字和绘图,这比蔡伦早了两三百年。但早期的西汉麻纸比较粗糙,不便书写,到了公元后 2 世纪,在宫廷中任尚方令的蔡伦,凭借充足的人力和物力监制并组织产生了一批良纸。蔡伦虽然不是纸的最早发明者,但他改进造纸技术,扩大了造纸原料的来源,把树皮、破布、麻头和渔网这些废弃物品都充分利用起来,降低了纸的成本,尤其是用树皮做原浆纸的先声。从这个意义上说,蔡伦在历史上是作为纸的监制者和推广者的身份出现的,他的这些活动对造纸术的发展是有利的,因此也不应完全抹杀他的作用。

汉代的麻纸制造过程,根据科学工作者的模拟实验,大体是将麻头、破布等材料先用水浸湿,使之润胀,再用斧头剁碎,放在水中洗去污泥、杂质,然后用草木灰浸透并蒸煮,原留于造纸原料中的木素、果胶、色素、油脂等杂质可进一步除去,再加以清水洗涤后,即送去舂捣,捣碎后的纤维在水槽中配成悬浮的浆液,再用滤水的纸模捞取纸浆,滤水后晒干即为成品纸,经必要的砑光,即可用于书写。

由此可见,汉代的劳动人民用这些简陋的设备,从纺织品废料中制成植物纤维纸。确实是件了不起的事,是化学史上一项重要发明。

在公元 2 世纪造纸术得到推广后,就成为简牍和缣帛的有力的竞争者,至三四世纪时就已基本上取代了帛简,成为唯一的书写材料,有力地促进了科学文化的发展。

从公元 3～6 世纪,随着纸的广泛应用,造纸术本身也不断革新,造纸原料的范围扩大了。东晋用稻秆、麦秆造纸,叫"土纸";又用藤皮造纸,叫"藤纸"或"藤角纸";北方生长植树,用植树皮造纸,叫"格皮纸";南方产竹,从宋代开始用竹造纸,叫"竹纸"等等。由于造纸原料范围的扩大,造纸工业自然也就迅速地发展。在魏晋时,已经有人用黄叶汁将纸染成黄色;南北朝时更有青、赤、绿等各种颜色的纸,十分美观。

在设备方面,出现了活动的帘床纸模,用一个活动的竹帘放在框架上,可反复捞出成千上万张湿纸,而不必一模一纸,提高了工效。在技术上,加强了碱液蒸煮及舂捣,改进了纸的质量,增强了产量,出现了一些加工纸,从甘肃敦煌石室出土的这一时期所造出的古纸标本来看,已能造出纤维匀细、纸质强韧、外观洁白的高级纸,还有各种色纸、填料纸、"发笺"等工艺美术纸。公元 6 世纪时的科学家贾思勰在其所著《齐民要术》(公元 533 — 544 年)中,专门有两章记载了造纸原料的处理和染黄纸的技术,与此同时,我国造纸术还传播到了近邻朝鲜,这是造纸术外传的开始。

公元 6～10 世纪,我国除麻纸、藤皮纸外,还出现了檀皮纸、瑞香皮纸、稻麦秆纸和新式的竹纸,在南方产竹地区,由于竹材资源丰富,因此竹纸得到迅速发展,关于竹纸起源,应当是在皮纸获得相当发展以后,因为它是茎秆纤维,较坚硬而不易处理。

　　在唐、宋之际,竹纸才得到较大的发展。到了南宋,则成为通行的纸张。这时期的产纸区域也遍及全国各地,纸的原料因地制宜,由于雕版印刷术的发明,兴起了印书业,从而又促进了造纸的发展,纸的产量和质量都有所提高,其价格也不断下降,各种纸制品已普及到民间的日常生活中。

　　这时期的名贵纸中,有唐代的"硬黄纸"、五代时的"澄心堂纸"、宋代的黄、白蜡笺和"金栗山藏经纸"等,还有暗纹纸或水纹纸及各种艺术加工纸,都有传世品流世。这时我国传统的绘画艺术已不再单用绢,而是越来越多地使用纸本,正反映出造纸技术的提高。绘画要求纸的质量较高,幅面较大,由于造纸设备及技术的进步,这时已能造出大幅高质量的纸,反映出我国造纸工人的智慧。

　　公元 10 世纪以后,造纸术又得到发展。皮纸及竹纸特别盛行,能造出 10～15 米长的巨幅纸,名贵的纸有"金栗笺"、螺纹纸及"宣纸"等。其中宣纸产于皖南,以青檀皮为主料,为书法家和画家所爱用。造纸用竹帘多用细密竹条,这就要求纸浆的打浆度必须相当高,而造出的纸也很细密。这一时期造纸多采用植物黏液作为漂浮剂,使纸浆均匀,打浆时常用水碓。各种加工纸品种繁多,不胜枚举。纸的用途也越来越广泛,除书画、印刷及日用外,这时我国最先在世界上发行纸币。在宋代,这种纸币叫作"交子",元、明后继续发行纸币,后来这种纸币逐步通用于全世界。

在这一时期内,用于室内装饰的壁纸和纸花、剪纸等,也很美观,行销于国内外,有关造纸的书也不断出现,如宋代苏易简的《纸谱》,尤其是明代宋应星《天工开物·杀青篇》对中国古代造竹纸及皮纸的技术作了系统总结,图文并茂,是当时世界上关于造纸的最详细的记载。

另一方面,科学文化和图书事业的发展,又需要更多更好的纸张,从而推动了造纸技术的进步。纸还是我国另一项重大发明——印刷术出现所必需的物质前提,而印刷术发明之前,由于著述的增加引起了抄书之风盛行,则促进了书法艺术的发展和汉字字体的变迁。中国独具特色的传统水墨和彩墨绘画,也是和纸的特殊品种——宣纸密切相关的。

中国的造纸术于公元 3 世纪传到朝鲜;7 世纪初经朝鲜传入日本;8 世纪中叶经中亚传到了阿拉伯;10 世纪到叙利亚的大马士革、开罗、埃及与摩洛哥;11 世纪传入摩洛哥;13 世纪传入印度;14 世纪传到意大利,意大利很多城市都建了造纸厂,成为欧洲造纸术传播的重要基地,从那里再传到德国、英国;16 世纪传入俄国、荷兰;17 世纪传到英国;19 世纪传入加拿大,逐渐传遍了全世界。

造纸术西传后所用的原料及工艺沿袭我国之故,以麻和破布为主,不过欧洲的破布普遍是棉纤维,成品纸不如中国产品柔顺薄韧,而且破布日感供不应求。在公元 18 世纪以前,中国造纸术一直居于世界先进水平。世界各国沿用我国传统方法造纸已有 1000 年以上的历史。到 19 世纪末,在欧洲产业革命的推动下,以木材为原料的机制纸迅速发展,并普遍认为木材是一种较好的造纸原料。我国在清朝末年和民国初年也逐渐出现了机械化的造纸厂,木材和非木材原料均有使用。

中国古代的造纸术的发明与传播,在中国以至世界文化发展史上的贡献是不可磨灭的。

我国古代钢铁及铜的冶炼

(一)春秋战国钢铁的冶炼

春秋时代是我国由奴隶社会向封建社会转变的阶段。促成这一社会变革的物质因素,是社会生产力的发展。

劳动工具是社会生产力发展的重要标志。铁制工具的广泛使用,促进了我国由奴隶制向封建制的过渡。商代用陨铁制作了铁刃铜钺,说明对铁的性质和锻打嵌铸的技术已经有了一定的认识和掌握,但当时尚不知人工炼铁。

春秋时期,铁器已经在农业、手工业生产中使用。农业生产中使用铁锄、铁斧等。铁器坚硬、锋利,胜过木石和青铜工具。晋国用铁铸刑鼎、铸鼎的铁是作为军赋向民间征收的,可见晋国民间铁已不少。在江苏六合区程桥、湖南长沙龙洞坡等地出土了春秋时的铁器。战国初或稍早已发明铸铁技术,这是我国劳动人民对冶金技术的重大贡献,比外国早 1800 年左右。河北兴隆县寿王坟出土了大量战国时的铁范,其中有较复杂的复合范和双型腔,还采用了难度较大的金属型芯,反映了当时的铸造工艺已有较高水平。战国时发明的用柔化退火制造可锻铸件的技术和多管鼓风技术是冶金技术的重要成就,比欧洲早 2000 年左右。战国时还掌握了块炼铁固态渗碳制钢的方法和淬火技术。

块炼铁的方法也就是"固体还原法"。由于块炼铁是铁矿石在较低温度下从固体状态被木炭还原的产物,所以质地疏松,还夹杂有许多来自矿石的氧化物,例如氧化亚铁和硅酸盐。这种块炼铁在一定温度下若经过反复锻打,便可将夹杂的氧化物挤出去,机械性能就改善了。从江苏六合区程桥东周墓出土的铁条,就是块炼铁的产品。春秋末期和战国初期的一些锻造铁器也是以块炼铁为材料。

在反复锻打块炼铁的实践中,人们又总结出块炼铁渗碳成钢的经验。从河北易县武阳台村的燕下都遗址 44 号墓中曾出土 79 件铁器,经分析鉴定,它们的大部分都是由块炼钢锻成的,这证明至迟在战国后期块炼渗碳钢的技术已在应用,块炼铁质柔不坚,块炼钢虽经渗碳处理,变得较坚硬,但在生产上仍嫌不足。人们在生产实践中又摸索出块炼钢的淬火工艺,这就进一步提高了块炼钢的机械性能。

上述燕下都出土的锻钢件,大部分是经过淬火处理的,这又表明在当时,人们对淬火工艺也较熟悉了。

生铁的冶铸工艺,在原料、燃料上与块炼法基本一样。它们之间主要的差别在冶炼温度的不同。块炼法的炉温大约在1000℃左右,离纯铁的熔点(1534℃)相差很远,而生铁冶炼时,炉温达到了1100℃~1200℃。在冶炼中,被还原生成的固态铁会吸收碳,这种吸收随着温度的升高,速度就会加快。

另一方面吸收碳后,铁的熔点随之降低,当含碳量达到2.0%时,熔点降至1380℃;当含碳量达到4.3%时,熔点为最低,仅1146℃。在这种条件下,炉温就可使铁熔化,从而得到了液态的生铁。液态生铁就可以直接浇铸成器,冶铸过程简化了,就使铁器的生产有了大发展的可能。

江苏六合程桥东周墓出土的铁丸,洛阳出土的公元前5世纪的铁锛、铁铲都是生铁器物,这证明在块炼法的同时,我国已出现生铁冶铸工艺。生铁与块炼铁同时发展,是我国古代钢铁冶金技术发展的独特途径。世界上许多其他国家,从块炼铁发展到生铁,大约经历了上千年的时间。就拿欧洲一些国家来说,虽很早已有块炼铁,但出现生铁则在公元13世纪末和14世纪初。

生铁的生产效率高,铸造性能又较好,这为广泛使用铁器提供方便。在冶炼生铁的初期,由于温度还不够高,硅含量也较低,致使生铁中的碳在冷却凝固时不能成为石墨状态,而成为碳化三铁(Fe_3C),与奥氏体状态的铁在1146℃共晶。因此,炼出的生铁性脆而硬,铸造性能虽好,但强度不够,这种生铁,人们称它为白口铁,它只能铸造某些农具。从河北兴隆燕国矿冶遗址出土的大批锄、范等,就是由白口铁铸成的。

为了克服白口铁的脆性,在战国早期,人们就创造了白口铸铁柔化处理技术。所谓柔化处理就是将白口铸铁长时间加热,使碳化铁分解为铁和石墨,消除了大块的渗碳体,这对减少脆性、提高韧性可以起良好的作用。处理后的白口铁就变成了展性铸铁。长沙出土的战国铁铲,辉县出土的战国中期铁带钩,易县燕下都出土的战国晚期铁镢、锄等,都是属于这种展性铸铁。

(二)汉代的钢铁冶炼技术

汉代的钢铁冶炼技术,在战国的基础上又有了长足的发展,勤劳的中国人民在这方面又有了不少的创造和发明。

汉代铁金属在工业、农业和军事中的作用愈显重要,官府对冶铁业的管理越加严格,汉武帝时任用孔仅为大农丞,将盐、铁、税利的巨业,收归官府经营管理,实行一系列严格措施,使冶铁业得到空前的发展。孔氏家族原本是梁国的冶铁商贾,素有经营冶铁的管理才能,所以他能在汉武帝时一跃而成为大司农丞要职,在任职的短短十余年间,从组织管理到冶铁技术和农具的推广,做出了巨大的努力,为汉武帝的雄才大略的扩展提供了雄厚的经济基础。

西汉时"百炼钢"的技术兴起,使钢的质量较前提高。这种初级阶段的百炼钢,是在战国晚期块炼渗碳钢的基础上直接发展起来的,二者所用原料和渗碳方法都相同,因而钢中都有较多的大块氧化铁-硅酸铁共晶夹杂物存在;但不同的是增多了反复加热锻打的次数。锻打在这里不仅起着加工成型的作用,同时也起着使夹杂物减少、细化和均匀化,晶粒细化的作用,显著地提高了钢的质量。

从河北满城一号西汉墓出土的刘胜佩剑、钢剑和错金宝刀,它们虽与易县燕下都钢剑所用的冶炼原料相同,但金相检查表明,钢的质量却有显著的提高,它正是"百炼刚"技术兴起的产物。

西汉中期以后,又出现炒钢。这是因为块炼铁虽然能制造渗碳钢,但产量不大,效率很低,不能适应当时封建社会生产发展的需要,"供不应求"即生产量与需要量的矛盾,促使出现了用生铁炒成为钢的新工艺。但是生铁的产量已相当大,用生铁作为制钢原料,是炼钢史上的一次飞跃发展,也是一次重大的技术革新。

炒钢的产生,即将生铁炒到成为半液体半固体状态,并进行搅拌,利用铁矿粉或空气中的氧,进行脱碳,借以达到需要的含碳量,再反复热锻,打成钢制品,利用这种新工艺炼钢,既省去了烦难的渗碳工序,又能使钢的组织更加均匀,消除了由块炼铁带来的严重影响性能的那种大共晶夹杂物,使质量大大提高。1974 年 7 月,山东兰陵县东汉墓出土的东汉永初六年的炼环首钢刀,经有关单位鉴定就是用炒钢为原料,反复锻打而成的。

与此同时,百炼刚的原料也由原来的块炼铁,发展到用生铁炒成的钢或熟铁作为原料,经过渗碳锻打而成。这样一来,原料的改变即铁基体有了变化,使钢的质量也随之大大提高,从而百炼钢也发展到成熟阶段。

百炼钢虽然是汉代风行一时的炼钢工艺,但固体渗碳工序费工费时;而在炒钢过程中控制钢的含碳量则是一个复杂的工艺,比较难以掌握控制。生产的发展,必然要求进一步发展工艺简单、保证质量而成本较低的炼钢方法。为此在两晋南北朝时期又出现了以灌钢为主的炼钢技术。

钢铁业在汉代的大发展,也从炼炉的形状及冶炼设备上反映出来。西汉时期炼铁的竖炉就已得到发展,炉型有了扩大。炼铁已用石灰石作为熔剂。为了适应竖炉加大的需要,对鼓风设备也进行了改革。早期开始用皮囊人力鼓风,既笨重又不适用,后来在长期的生产实践中,劳动人民不断总结经验,创造出新,采用畜力代替人力鼓风,出现了马排,但还远远不能满足高炉生产的需要。

公元 31 年,东汉后期南阳太守杜诗总结了南阳冶铁工人的实践经验,创造了水力鼓风的"水排"。利用"水排"鼓风生产钢铁,比用人力、畜力鼓风"用力少,见功多"。我国"水排"的出现比欧洲早1200多年。到魏晋时期,得到了更广泛的应用。

(三)南北朝以后钢铁业的发展

我国古代的钢铁冶炼技术,在封建社会前期的这些重大创造发明,历经南北朝以后得到普遍推广,并且更趋成熟。

两晋南北朝时,新的灌钢技术兴起了。这种方法是先将生铁炒成熟铁,然后同生铁一起加热,由于生铁的熔点低,易于熔化,待生铁熔化后,它便"灌"入熟铁中,使熟铁增碳而得到钢。这样,只要配好生熟铁用量的比例,就能比较准确地控制钢中含碳水平,再经过反复锻打,就可以得到质地均匀的钢材。这种方法比较容易掌握,工效提高较大,因此南北朝以后成为主要炼钢方法。

关于灌钢的技术,南北朝南齐、梁时期的医学家兼炼丹家陶弘景(约公元452—536年)就较早地记叙说:"钢铁是杂炼生鍒作刀镰者,生指生铁,鍒指熟铁,这就是灌钢。稍晚一些时候,北齐的道士綦母怀文也是较早的灌钢的实践者之一。据说他"造宿铁刀,其法烧生铁精,以重柔铤,数宿则成钢"。制成的刀还要用牲畜尿和油脂进行淬火。尿中含盐,用以淬火,冷却能力比水高;油脂作淬火剂,高温冷却快而低温冷却慢，可以减少钢件变形和脆性；适当地配合运用，能够获得性能优越的淬钢件。灌钢技术在南北朝时已相当流行，这种方法是在炒钢的实践过程中逐步发展起来的。

关于钢铁的热处理，其实早在南北朝以前，就已应用了由冷却方法的差别来求得钢铁的不同硬度的淬火技术。在河北易县燕下都出土的战国时期的钢剑、钢戟，就已用淬火处理。我国早期文献对此也有记载。这说明当时对淬火工艺已有一定的规律性认识。

南北朝发明的灌钢这一技术，宋、元以来不断发展，成为主要的炼钢方法之一。宋代的沈括在其《梦溪笔谈》中载有："世间锻铁所谓钢铁者，用柔铁屈盘之，乃以生铁陷其间，泥封炼之，锻令相入，谓之团钢，亦谓之灌钢。"在炼钢炉中把熟铁条屈曲地盘绕着，把生铁块嵌在盘绕着的熟铁条之间，用泥把炉密封起来烧炼，待炼成后再加锻打，这样，"灌钢"就炼成了。利用生铁的含碳量高和熔点低可以在温度较低的时候先熔化，让生铁的铁液灌入四周盘绕的熟铁中，和留存在熟铁内的氧化渣紧密地发生氧化还原作用，即使熟铁中的渣除去，又使所含的碳达到适当的分量，而转变成为品质较纯的钢铁。

到了明代，这种灌钢的冶炼方法基本上一样，但操作略有不同。明末宋应星著的《天工开物》（1637年）载："凡钢铁炼法,用熟铁打成薄片如指头阔,长寸半许,以铁片束包尖(夹)紧,生铁安置其上(原注:广南生铁名堕子钢者,妙甚),又用破草覆盖其上(原注:粘带泥土者故不速化),泥涂其底下。

明代锻制生产工具时,采用了"生铁淋口"的方法,这种方法的原理是和灌钢相同的。在《天工开物》上对此有详细的描述。这种方法是利用熔化的生铁,作为熟铁的渗碳剂,使这种熟铁的刀口炼成钢铁。这一创造性的技术成就,现在应用于一些小农具的生产上面。

生铁淋口的方法再发展一步,就产生了苏钢的冶炼方法。这种方法相传是苏州炼钢工人首先发明的。它实际上是在灌钢基础上发展起来的卓越成就。

在炼钢方面,封建社会后期出现了把炼铁炉流出的铁水,直接流进炒铁炉里炒成熟铁的做法,减少了一步再熔化的过程。这样就在钢铁冶炼史上出现了半连续性系统。这一创造在《天工开物》中,不仅有详细的文字记载,而且还有图说明。

在鼓风方面,北宋有一种可以移动的炼炉叫作行炉。在北宋《武经总要》中有"行炉图",其侧面出现了梯形木风箱,说明至迟在北宋时就已经发明了用盖板开闭来鼓风的简单木风箱。在燃料上,宋代炼铁已十分普遍使用煤了。明代方以智的《物理小识》则记载说:"……煤则各处产之,臭者烧熔而闭之成石,再凿而入炉曰礁,可五日不灭火,煎矿煮石,殊为省力"。由此可见,至迟在明代不但懂得炼焦,而且用焦炭进行冶炼了。

我国古代的钢铁冶炼史上每一项发明创造,无一不是劳动人民辛勤劳动的结果,凝结着他们的智慧和血汗的结晶。

(四)中国古代炼铜业的发展

在我国商周奴隶社会,青铜的冶铸技术已有很高的水平。经过春秋战国,青铜一度在制造兵器和生产工具方面进一步有所发展。到了秦汉,由于铁制工具的迅速进展,青铜工具逐步被取代了。但另一方面又因为封建社会商品经济发展的要求,青铜大量地被用于铸造钱币,而无法用铁器、漆器取代的青铜镜,其制作技术也在提高。总之,在我国进入封建社会后,炼铜技术的发展并没有停顿,而在某些制造业中继续发展。

秦、汉以后,除青铜外,还出现了一些其他的铜合金。首先应指出的是铜锌合金,也就是"黄铜"。最初冶炼这种铜锌合金,是通过将铜与含锌的炉甘石防在还原炉中冶炼而制成的,后来在我国制造出单质锌以后,便直接将红铜与锌冶炼成黄铜合金。关于这方面的可靠记载,见于宋代人崔昉的《外丹本草》,其中说:"用铜一斤,炉甘石一斤,炼之即成黄铜一斤半"。元代著作《格物粗谈》也说:"赤铜入炉甘石炼为黄铜，其色如金"。

明代李时珍《本草纲目》曾提到："炉甘石大小不一，状如羊脑，松如石脂，赤铜得之，即化为黄。今之黄铜皆此物点化也"。以上记载清楚地表明，早期黄铜的冶炼是由碳酸锌矿石（古称炉甘石）与铜在还原炉中炼出的。尽管关于黄铜冶炼技术的最早记载出现于宋、元人的著作中，但应该说在此以前我国已具备冶炼这种合金的技术条件了，不能由此说冶炼铜锌合金是从宋以后才开始的。

特别应指出的是，在《天工开物》中，更具体而详细地记载了炼制金属锌（当时叫"倭铅"）及黄铜的方法，谈到炼制黄铜时说："每红铜六斤，入倭铅四斤，先后入罐熔化，冷定取出，即成黄铜"。稍后，在《物理小识》中也有同样记载。

继黄铜之后，又出现了白铜即铜镍合金。在北宋末何薳的《春渚纪闻》中已有关于用铜与砒石冶炼白铜的记载。元代著作《格物粗谈》中有"砒石炼为白铜，杂锡炼为响铜"之语。明代李时珍在其《本草纲目》中说："白铜出云南，赤铜以砒石炼为白铜"。宋应星在其《天工开物》中亦说：铜"以砒霜等药制炼为白铜"。这些宋、元、明人著作中提到的用砒石及赤铜炼制的白铜，很可能是指含镍的砷镍矿与赤铜炼制者。白铜很可能在宋、元以前就已有了。

明、清以后我国制造的白铜器物远销于国外。到十七、十八世纪，东印度公司从我国购买白铜器物，再远销于欧洲各国,欧洲语中 Packtong(白铜)就导源于中国词"白铜"。在这以前的唐代,波斯语、阿拉伯语中也把白铜称为"中国石",可见也是来自我国。但其成分及制法,则记载得很少。

在我国古代的炼铜技术中,还应特别指出的是:我国古代劳动人民很早就认识了铜盐溶液里的铜能被铁取代,从而发明了"水法炼铜"的新途径。这一方法以我国为最早,是水法冶金技术的起源,在世界化学史上是一项重大贡献。

早在西汉的《淮南万毕术》里,就有"曾青得铁则化为铜"的记载。曾青易溶于苦酒(醋),又叫白青、空青。东汉时的《神农本草经》也有:"石胆……能化铁为铜"的话,石胆或胆矾,成分是含水硫酸铜 $CuSO_4 \cdot 5H_2O$。南北朝时的陶弘景则更进一步认识到不仅硫酸铜,而只要可溶性的铜盐类就能与铁置换反应。他说:"鸡屎矾……投苦酒中(醋),涂铁,皆作铜色。"鸡屎矾可能是不纯的碱式硫酸铜或碱式碳酸铜,难溶于水,但却能溶于醋,而与铁起置换反应。从而扩大了以前的认识范围。

这种认识大约到唐末、五代间就应用到生产中去了。宋时更有发展,成为大量生产铜的重要方法之一,这就是水法炼铜的"胆铜法"。这种方法比火法炼铜有许多优点:它一则可以在产胆水(即硫酸铜溶液,俗称"胆水")的地方就地取材;二则设备简单,操作容易,不要冶炼、鼓风设备,在通常温度下就可提取铜,不需高温,节省了燃料。

宋代时由于铸造钱币的大量需要,同时"胆水炼铜"又有上述优点,因此对"胆水炼铜"甚为重视。宋代文献记载,当时南方用"水法炼铜"的约有 11 处,其中以饶州德兴、信州铅山和韶州岑水规模最为宏大。北宋每年产胆铜达一百万至一百七十八十万斤,占当时铜总产量的 15％～20％;南宋时铜产量虽大为减少,但胆铜比重却大有增加,绍兴(宋高宗)年间,竟占铜总量的 85％以上。

胆铜的生产过程包括两个方面:一是浸铜,二是收取沉积的铜。目前,我国有的地方(如湖北黄石市)还仍用这种方法生产铜。

对煤、石油、天然气的利用

(一)对煤的利用

煤自古以来就是重要的燃料,中国人民用煤为世界之最早,有悠久的历史。但煤在何时开始使用,目前颇难作确切回答。从考古发掘和文献记载来看,至迟在汉代就已用煤了。《汉书·地理学》记载说:"豫章郡出石,可燃为薪。"豫章郡在今江西省南昌附近,这里所说的可燃为薪的石头,应理解为煤。可见这时煤已用于群众的日常生活。

新中国成立以后的考古证实:山东平陵汉初冶铁遗址中发现了煤;河南巩县铁生沟汉代冶铁遗址内发现了煤块、

煤饼和煤渣。1975 年河南郑州古来镇西汉中晚期至东汉的冶铁遗址中,再次出现加工过的煤饼。因此至迟在汉代将煤用于生产,这是毫无疑问的。但汉代冶铁遗址中的煤是用于冶铁,还是用于其他生产目的,这个问题还待研究。

何时将煤用于冶铁,较早的明确文献记载是郦道元的《水经注·河上》中说:"屈茨(今新疆吐鲁番地区)北二百里有山,夜则火光,昼日但烟,人取此山石炭,冶此山铁,恒充三十六国用。"这说明至迟在魏晋时期我国已用煤冶铁。用煤炼铁是冶炼技术上的重大进步,这因为煤比木炭火力强而持久,可以得到更高的温度,炼出较好的铁。

据文献记载,汉末煤的开采量已相当大。西汉时冶铁技术有很大的发展。河南巩县铁生沟和南阳等地的冶铁遗址的发掘表明,西汉时的炼铁竖炉已有较大规模,有的竖炉高达 4 米左右。西汉时已使用煤来炼铁,用石灰石等碱性溶剂造渣脱硫,并采用了把矿石预先破碎,经过筛选使得粒度均匀的整粒技术。

曹操在邺都(今河北临漳县西)兴建水井台,井深十五丈,里面储存着数十万斤煤。南北朝时煤的使用更为广泛,已用于烧饭、取暖。在北宋京城汴京,街头卖小食的担子,也是用煤生炉火的。宋朝还专门组织人员勘察、开采煤矿、用煤冶炼金属。

明朝时,由于经过历代对煤矿的勘探、开采和利用,人们对煤的知识越来越多。明代李时珍在《本草纲目》中记载了煤的性质,煤的产地,总结了治疗煤气中毒的急救法。明代宋应星在他的《天工开物》中,对古代采煤方法作了详细记载:人们从很深的煤井里把煤取上来。用起重的手摇车——辘轳,把装在竹篮里的煤块,从矿坑里提到地面上。

采掘中,为了防止井壁的岩石塌下来伤人,就在井壁旁边用木柱顶住木板,支撑井壁。为了排除毒气,保证井下的安全,井口有人用一根又粗又长的竹筒,插进挖煤的坑井,以便于井底作业的人呼吸到新鲜空气。这种采煤的方法,虽然很简陋,但它的一些基本方法和现代采煤法是一致的。

欧洲人用煤的历史比我国晚得多。在元朝来我国工作的意大利人马可·波罗,回国后所写的一部《游记》中描写中国有一块黑石头,像木柴一样能够燃烧,火力比木柴强,从晚上燃到第二天早上还不熄灭。价钱比木柴便宜,于是欧洲人把煤当作奇闻来传颂。欧洲人到 18 世纪才开始炼焦,比中国晚了 500 多年。

(二)对石油的利用

石油和天然气与煤并称为三大重要的天然能源。中国人民发现和使用石油的时间为世界最早。究竟始于何时,据稽考,至迟在 3000 多年前就已开始。

最早发现石油的记录源于《易经》:"泽中有火","上火下泽"。泽,指湖泊池沼。"泽中有火",是石油蒸气在湖泊池沼水面上起火现象的描述。此书在西周时(公元前 11 世纪至公元前 771 年)已编成,距今 3000 多年。

　　最早认识性能和记载石油产地的古籍,是 1900 年以前东汉文学家、历史学家班固(公元 32—92 年)所著的《汉书·地理志》。书中写道:"高奴县有洧水可燃"。高奴县指现在的陕西延安一带,洧水是延河的一条支流。这里明确记载了石油的产地,并说明石油是水一般的液体,可以燃烧。

　　最早采集和利用石油的记载,是南朝(公元 420—589 年)范晔所著的《后汉书·郡国志》。此书在延寿县(指当时的酒泉郡延寿县,即今甘肃省玉门一带)记载有:"县南有山,石出泉水,大如 ,燃之极明,不可食。县人谓之石漆"。"石漆",当时即指石油。当时人们就已认识到:它是一种"燃之极明"的好燃料;并发现此物"如凝膏,与膏无异",可用作润滑剂。

　　晋代(公元 265—420 年)张华所著的《博物志》和北魏地理学家郦道元所著的《水经注》也有类似的记载。在北魏及隋唐时代,中国西北著名的石油产区新疆和甘肃玉门一带,相继发现了石油。玉门一带的劳动人民还用以涂牛皮,一则可润泽皮革,二则可达到防水的目的,这些记载表明,中国古代人民不仅对石油的性状有了进一步的认识,而且开始进行采集和利用了。

在明代,石油还是中国古代最早使用的药物之一。明朝李时珍(1522—1596 年)的《本草纲目》曾经记载,石油可以"主治小儿惊风,可与他药混合作丸散,涂疮癣虫癞,治铁箭入肉"。

四川井油矿的发现,按其与盐水同出而言,应该是相当早的。但根据文献记载,利用并正式开采,则在明代中叶。明曹学佺《蜀中广记》说:"国朝正德末年,嘉州开盐井偶得油水……此是石油,但出于井尔。"

中国石油资源不仅分布广大,而且在长期的实践中,劳动人民很早就发现了石油在日常生活中的功用,与人民生活发生了千丝万缕的联系。除了作为燃料、润滑剂等外,最普遍的是用于照明。唐朝(公元 618—907 年)段成武所著的《酉阳杂俎》一书,称石油为"石脂水":"高奴县石脂水,水腻,浮上如漆,采以膏车及燃灯极明。"可见,当时我国已应用石油作为照明灯油了。

随着生产实践的发展,我国古代人民对石油的认识逐步加深,对石油的利用日益广泛。到了宋代,石油能被加工成固态制成品——石烛,且石烛点燃时间较长,一支石烛可顶蜡烛三支。宋朝著名的爱国诗人陆游(公元 1125—1209 年)在《老学庵笔记》中,就有用"石烛"照明的记叙。

由于石油有燃烧"遇水不灭"的性能,后来则被大量用于军事方面。早在 1400 年以前,中国古代人民就已看到石油在军事方面的重要性,并开始把石油用于战争。《元和郡县志》中有这样一段史实:唐朝年间(公元578年),突厥统治者派兵包围攻打甘肃酒泉,当地军民把"火油"点燃,烧毁敌人的攻城工具,打退了敌人,保卫了酒泉城。

石油用于战争,大大改变了战争进程。因此,到了五代(公元907—960年),石油在军事上的应用渐广。后梁(公元919年)时,就有把"火油"装在铁罐里,发射出去烧毁敌船的战例。我国古代许多文献,如北宋曾公亮的《武经总要》,对如何以石油为原料制成颇具威力的进攻武器——"猛火油",有相当具体的记载。北宋神宗年间,还在京城汴梁(今河南开封)设立了军器监,掌管军事装备的制造,其中包括专门加工"猛火油"的工场。据康誉之所著的《昨梦录》记载,北宋时期,西北边域"皆掘地做大池,纵横丈余,以蓄猛火油",用来防御外族统治者的侵扰。明代进一步有了"盛油引火车",就是使用石油的攻城武器,由上所见,把石油用于军事那时就已相当广泛了。

此外,中国古代在火药配方中,开始使用石油产品沥青,以控制火药的燃烧速度。这一技术,比外国早了近一千年。

(三)对天然气的利用

中国古代人民采集石油和天然气有十分悠久的历史,特别是通过钻凿油井合并来开采石油和天然气的技术,在世界上也是最早的。

天然气是石油的共生物。它的发现时间,当在开凿盐井的同时或稍后。从两千多年以前的秦代就开始凿井取气煮盐的情况。"临邛火井一所,纵广五尺,深二三丈","先以家火投之",再"取井火还煮井水"。据载此法效果大,省事简办,"一斛水得四、五斗盐",比家火煮法,得盐"不过二、三斗",显然火井煮盐,成本低,产量高,被认为是手工业的一项重大发展。

四川是世界上最早使用天然气的地方。早在1000多年前的公元961年,成都平原上的什邡,出现了一件怪事:地里突然窜出一条"火龙",顺着大风烧掉了几百户人家。地里窜出的"火龙"是什么?是天然气遇火燃烧形成的。中国人的祖先发现这些臭气可以燃烧后,就开始想办法来用它。

晋朝人常璩写的《华阳国志》里,描述秦汉时期应用天然气有一段话:临邛县"有火井,夜时光映上昭。民欲其火,先以家火投之。顷许如雷声,火焰出,通耀数十里。以竹筒盛其火藏之,可拽行终日不灭也……取井火煮之,一斛水得五斗盐。家火煮之,得无几也。"

这段话向后人透露了两条消息:早在两千多年前,人们就用竹筒装着天然气,当火把点火走夜路。用天然气煮盐,火力比普通火力大得多,出盐多。

化学发展概述

　　"火井沉荧于幽泉,高烟飞煽于天垂"。这是晋代人对四川火井的诗意描写,比这更早些,西汉杨雄在《蜀都赋》中,已把火井列为四川的重要名迹之一,可见火井由来已久。至于利用天然气煮盐,人们在实践中,认识到天然气能自燃而不助燃的性能,汉代就已克服了火井爆炸的困难,并且还用竹筒盛装天然气,类似今天的储存天然气的气罐,创造利用天然气的方法,关于利用火井煮盐更详细的记述,则见于《天工开物》,书中还绘有火井煮盐图。

　　南宋时期,成都邛崃市天台山的一片山坡上,常常有一缕缕带臭味的怪气冒出来,熏得周围的庄稼全都枯萎了。当地百姓不知是什么妖怪作祟,修了座宝塔镇住气眼,从此再不冒气影响庄稼了。这怪气就是天然气。

　　为了开发石油和天然气,中国劳动人民在生产实践中逐步发明创造了一整套钻井技术。远在 2200 多年前的战国时代,中国人的祖先就已开凿较深的井,自汉代以来,劳动人民进而推广和改进了钻井机械。到宋代深井钻掘机械已形成一项相当复杂的机械组合。普遍废弃了大口浅井,凿成了筒井。到了明代,钻井机械设备和技术有了更进一步的发展。

化学的历史渊源非常古老,可以说从人类学会使用火,就开始了最早的化学实践活动。我们的祖先钻木取火、利用火烘烤食物、寒夜取暖、驱赶猛兽,充分利用燃烧时的发光发热现象。当时这只是一种经验的积累。化学知识的形成、化学的发展经历了漫长而曲折的道路。它伴随着人类社会的进步而发展,是社会发展的必然结果。而它的发展,又促进生产力的发展,推动历史的前进。化学的发展,主要经历以下几个时期:

(一)化学的萌芽时期:从远古到公元前 1500 年,人类学会在熊熊的烈火中由黏土制出陶器、由矿石烧出金属,学会从谷物酿造出酒、给丝麻等织物染上颜色,这些都是在实践经验的直接启发下经过长期摸索而来的最早的化学工艺,但还没有形成化学知识,只是化学的萌芽时期。

(二)炼丹和医药化学时期:约从公元前 1500 年到公元 1650 年,化学被炼丹术、炼金术所控制。为求得长生不老的仙丹或象征富贵的黄金,炼丹家和炼金术士们开始了最早的化学实验,而后记载、总结炼丹术的书籍也相继出现。虽然炼丹家、炼金术士们都以失败而告终,但他们在炼制长生不老药的过程中，在探索"点石成金"的方法中实现了物质间用人工方法进行的相互转变，积累了许多物质发生化学变化的条件和现象，为化学的发展积累了丰富的实践经验。当时出现的"化学"一词，其含义便是"炼金术"。但随着炼丹术、炼金术的衰落，人们更多地看到它荒唐的一面，化学方法转而在医药和冶金方面得到正当发挥。中、外药物学和冶金学的发展为化学成为一门科学准备了丰富的素材。

（三）燃素化学时期：这个时期从 1650 年到 1775 年，是近代化学的孕育时期。随着冶金工业和实验室经验的积累，人们总结感性知识，进行化学变化的理论研究，使化学成为自然科学的一个分支。这一阶段开始的标志是英国化学家波义耳为化学元素指明科学的概念。继之，化学又借燃素说从炼金术中解放出来。燃素说认为可燃物能够燃烧是因为它含有燃素，燃烧过程是可燃物中燃素放出的过程，尽管这个理论是错误的，但它把大量的化学事实统一在一个概念之下，解释了许多化学现象。在燃素说流行的一百多年间，化学家为解释各种现象，做了大量的实验，发现多种气体的存在，积累了更多关于物质转化的新知识。特别是燃素说，认为化学反应是一种物质转移到另一种物质的过程，化学反应中物质守恒，这些观点奠定了近代化学思维的基础。这一时期，不仅从科学实践上，还从思想上为近代化学的发展做了准备,这一时期成为近代化学的孕育时期。

(四)定量化学时期:这个时期从 1775 年到 1900 年,是近代化学发展的时期。1775 年前后,拉瓦锡用定量化学实验阐述了燃烧的氧化学说,开创了定量化学时期,使化学沿着正确的轨道发展。19 世纪初,英国化学家道尔顿提出近代原子学说,接着意大利科学家阿伏伽德罗提出分子概念。自从用原子—分子论来研究化学,化学才真正被确立为一门科学。这一时期,建立了不少化学基本定律。俄国化学家门捷列夫发现元素周期律,德国化学家李比希和维勒发展了有机结构理论,这些都使化学成为一门系统的科学,也为现代化学的发展奠定了基础。(五)科学相互渗透时期:这个时期基本上从 20 世纪初开始,是现代化学时期。20 世纪初,物理学的长足发展,各种物理测试手段的涌现,促进了溶液理论、物质结构、催化剂等领域的研究,尤其是量子理论的发展,使化学和物理学有了更多共同的语言,解决了化学上许多未决的问题,物理化学、结构化学等理论逐步完善。同时,化学又向生物学和地质学等学科渗透,使过去很难解决的蛋白质、酶等结构问题得到深入的研究,生物化学等得到快速的发展。

诚然,科学的发展是没有止境的,因而化学的发展也决不会停滞不前。